ACCESO GRATIS *a la Lectura en la Nube*

Para visualizar el libro electrónico en la nube de lectura envíe junto a su nombre y apellidos una fotografía del código de barras situado en la contraportada del libro y otra del ticket de compra a la dirección:

ebooktirant@tirant.com

En un máximo de 72 horas laborables le enviaremos el código de acceso con sus instrucciones.

AF276466

La desinformación

La desinformación

BEATRIZ GALLARDO PAÚLS

Universitat de València

tirant humanidades

Valencia, 2025

Director de la colección Ágora
JOAN ROMERO GONZÁLEZ

© Beatriz Gallardo Paúls

© TIRANT HUMANIDADES
  EDITA: TIRANT HUMANIDADES
  C/ Artes Gráficas, 14 - 46010 - Valencia
  TELFS.: 96/361 00 48 - 50
  FAX: 96/369 41 51
  Email: tlb@tirant.com
  www.tirant.com
  Librería virtual: www.tirant.es
  DEPÓSITO LEGAL: V-690-2024
  ISBN: 978-84-1081-158-4
  MAQUETA: Innovatext

Si tiene alguna queja o sugerencia, envíenos un mail a: *atencioncliente@
tirant.com*. En caso de no ser atendida su sugerencia, por favor, lea
en *www.tirant.net/index.php/empresa/politicas-de-empresa* nuestro
procedimiento de quejas.

Responsabilidad Social Corporativa:
http://www.tirant.net/Docs/RSCTirant.pdf

Índice

1. Desinformación y posverdad

Durante el primer mandato de Donald Trump como presidente de los Estados Unidos (2017-2021), *The Washington Post* creó una página web dedicada exclusivamente a registrar sus mentiras. La web llegó a contabilizar 30.573 mentiras en los cuatro años de presidencia (Fig. 1). Cuando en los últimos años se habla de desinformación esta es la imagen más habitual, la del mentiroso carismático (y millonario) metido a político.

De forma genérica, en este trabajo entendemos por desinformación la difusión de falsedades y tergiversaciones en la esfera pública con intención manipuladora. Sin embargo, la desinformación existe mucho antes de Trump y mucho antes, incluso, de que lo digital absorbiera casi por completo los flujos comunicativos de la esfera pública. La aparición de los medios de masas favoreció la difusión amplia de algunos embustes, como atestigua la famosa campaña del periódico *The Sun* (1835) sobre la existencia comprobada de vida en la luna. Las mentiras demostraban así una dimensión clara de impacto en lo real. Ya en el siglo XXI, el ejemplo más notorio en España nos lo ofrece el tratamiento que se dio al atentado islamista de Madrid del 11 de marzo de 2004, con un bulo sobre su autoría que partió del gobierno del Partido Popular y que veinte años después todavía es alimentado desde ciertos medios.

> *Aunque se habla con frecuencia de «noticias falsas» (fake news), en este trabajo evitaremos utilizar este término, porque se trata de una contradicción insostenible; por definición, si algo es falso no puede ser noticia, aunque sí puede ser noticiable que algunos actores sociales mientan.*

Fig. 1. *Página web del Washington Post sobre las mentiras de Donald Trump.*

Nuestro tiempo ha tomado conciencia de la desinformación como uno de los principales riesgos que experimentan nuestras sociedades, debido a la celeridad y amplitud de su difusión, y a su impunidad generalizada. De ahí que múltiples organismos gubernamentales, nacionales e internacionales, dediquen esfuerzo a intentar entender el fenómeno y paliar sus efectos.

Por ejemplo, en un informe de agosto de 2022 (*La lucha contra la desinformación para la promoción y protección de los derechos humanos y las libertades fundamentales*), la ONU caracterizaba la desinformación apelando a la existencia de un «daño social grave» y a la intención manipuladora del emisor. Señalaba que sus características incluyen la inexactitud de los contenidos, la finalidad engañosa y la difusión amplia con intención dañina. Dos años más tarde, el *Iberian Media Research Fact-Checking* (IBERIFIER) del Instituto Elcano publicó el informe *El impacto estratégico de la desinformación en España,* firmado por Ángel Badillo y Félix Arteaga, en el que se proponen tres ingredientes esenciales: una intención preferiblemente política, una falsedad y una presentación formal con apariencia de verdad.

También en 2024, en el *Informe sobre Riesgos Globales* publicado antes de la cumbre de Davos por Foro Económico Mundial (FEM), la desinformación aparecía como el segundo gran riesgo percibido por los encuestados. Su definición se refería a una información falsa que puede o no ser intencional, que es persistente, y que colabora en fomentar la desconfianza de la opinión pública tanto hacia los hechos como hacia las voces autorizadas. El documento incluía en la noción de desinformación contenidos falsos, manipulados y fabricados. El gráfico de la Fig. 2 reproduce la jerarquización de riesgos percibidos según ese informe del FEM; como puede verse, la desinformación ocupa el segundo lugar, pero es fácil comprobar que su impacto afecta además a los riesgos que aparecen en posición primera, tercera y quinta: la emergencia climática es uno de los ámbitos en los que más se desarrolla la desinformación, y el impacto de esta en la polarización política y social está ampliamente demostrado.

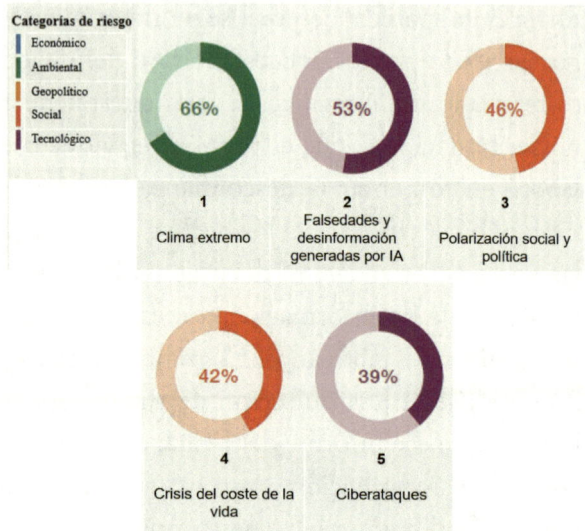

Fig. 2. *Expresión de riesgos globales percibidos en el informe del Foro Económico Mundial de 2024. Fuente: Foro Económico Mundial.*

Para establecer diferencias en ese concepto genérico de contenidos falsos, el periodista Hossein Derakhshan y la investigadora experta en medios digitales Claire Wardle propusieron en 2017 distinguir tres tipos de «trastornos informativos»: los errores, los bulos y los libelos, reservando para los dos últimos la intención dañina.

FALSEDAD	INTENCIÓN DAÑINA	
ERRORES (*MISINFORMATION*)	BULOS (*DISINFORMATION*)	LIBELOS (*MALINFORMATION*)
Errores involuntarios, como subtítulos de fotos, fechas, estadísticas, traducciones; información insuficiente que se corrige después.	Mentiras. Manipulaciones. Falsas atribuciones. Contenido sintético y ultrafalso (*deep-fake*). Teorías o rumores de conspiración.	Discurso del odio. Filtraciones. Acoso. Publicación deliberada de información privada de interés no público, sino personal o corporativo.

Tabla 1. *Tipos de desinformación: errores, bulos y libelos, a partir de Derakhshan y Wardle.*

Como muestra la Tabla 1, la desinformación puede mantener límites borrosos con el simple desconocimiento, ya que nadie escapa a la creencia en falsedades o a la expresión de afirmaciones erróneas, y tanto nuestra opinión como nuestro saber van modificándose con el tiempo y según aumenta nuestra experiencia vital. Por lo tanto, es importante tener en cuenta que en la esfera pública coexisten las actividades intencionadas de manipulación con otros fenómenos simultáneos, como la rentabilización interesada de aspectos en los que la sociedad, total o parcialmente, puede estar poco informada —pensemos por ejemplo en las primeras semanas de la pandemia COVID19—, o los errores que se trasladan en mensajes no verdaderos pero carentes de intención dañina. En general se reserva el término «desinformación» para bulos y libelos, pero alguien puede considerarse desinformado sin haber estado expuesto a esa actividad de manipulación interesada, simplemente porque tampoco ha estado suficientemente expuesto a la información.

La desinformación ha existido siempre, pero la comunicación digital facilita en grado extremo sus posibilidades de difusión y, por ello, su impacto negativo en la sociedad y en la vida política. Los expertos suelen diferenciar tres tipos de informaciones falsas: los errores, los bulos y los libelos.

1.1. LA POSVERDAD

Otro concepto relacionado con la desinformación, aunque de matiz diferente, es el de posverdad (*post-true*), término que el Diccionario Oxford consideró palabra del año en 2016, es decir, el año del Brexit (junio) y del triunfo electoral de Trump (noviembre). Mientras la desinformación nos hace pensar en emisores de intención manipuladora o mala fe, la posverdad centra su atención en los receptores. El término fue acuñado por el escritor Steve Tesich, en un texto de 1992 publicado en *The Nation* y titulado *Un gobierno de mentiras (A Government of Lies)*. Tesich se refería a cómo recibían las noticias los ciudadanos estadounidenses tras el escándalo del Watergate. A propósito del caso Irán-Contra, Tesich señalaba que los ciudadanos estadounidenses no querían saber la verdad, y que el gobierno de Ronald Reagan no hizo sino explotar esta circunstancia: «Sólo veíamos lo que nuestro gobierno quería que viéramos, y no percibíamos nada malo en ello».

Esta vinculación con la actitud ciudadana es específica del concepto de posverdad. Tesich se refiere a que el ciudadano *sabe* que le están mintiendo, pero *no le importa*, o no le importa mucho. Años después, en las columnas periodísticas de *La Reppublica*, Umberto Eco analizaba los años de Silvio Berlusconi en el poder y describía también esta disposición de una parte del electorado hacia la realidad que ofrece la televisión, un electorado al que describía como «fascinado», en contraste con un «electorado motivado» ideológicamente. Esta posición epistémica cercana a la indiferencia —o al cinismo— es la característica de la posverdad.

Mientras la idea de «desinformación» se refiere a falsedades que uno o más emisores presentan con pretensión de veracidad, el concepto de «posverdad» describe la disposición receptiva acomodaticia de las y los ciudadanos ante las desinformaciones.

2. Reglas y técnicas de la desinformación

Los mecanismos más habituales de la desinformación coinciden con los que utiliza la propaganda de cualquier época. En los años 50, tras la eclosión propagandística que había colaborado en el ascenso del comunismo y los fascismos —y que iba a definir en la misma medida el anticomunismo estadounidense y el macartismo—, se realizaron muchos análisis sobre los mecanismos psicológicos y lingüísticos de la propaganda. Jean Marie Domenach, en *La propagande politique* (1950), proponía cinco grandes reglas:

1. **Simplificación y enemigo único.** Mensajes simples y concentrados en un cul-

pable claramente identificado (individual o colectivo).

2. **Amplificación y desfiguración.** Recurso a la hipérbole, cuya manifestación más frecuente es la deshumanización de esos enemigos señalados.

3. **Orquestación.** Repetición constante y polifónica de los mensajes clave.

4. **Transferencia.** Establecimiento de asociaciones emocionales fijas.

5. **Unanimidad y contagio.** Refuerzo (o generación) de las posiciones que despiertan consenso.

Para plasmar discursivamente estas reglas existen también varias propuestas, la más conocida de las cuales es la que elaboraron Alfred McClung Lee y Elizabeth Briant Lee en 1939, en el Instituto de Análisis de Propaganda de la Universidad de Princeton. Su estudio, *The Fine*

Art of Propaganda, se centraba en los discursos radiofónicos pronunciados por el sacerdote católico Charles Coughlin, e identificaba siete estrategias persuasivas o «trucos del oficio».

1. **Etiquetas negativas.** Usar descalificaciones e insultos que apelan a los prejuicios, a los estereotipos y al miedo. Se trata de que el receptor no reaccione tanto a la realidad que se propone como a las palabras utilizadas para describirla. Si en lugar de decir *«menores extranjeros no acompañados»* se utiliza el acrónimo MENA, se desdibuja la realidad de que se trata de niñas y niños que, normalmente tras un viaje de huida y penalidades, han llegado solos y sin recursos a un país ajeno.

2. **Generalidades impactantes.** Recurrir a frases vacías y vaguedades, cuya estructura preferente es la del eslogan adornado con léxico efectista: *«Un estudio ac-*

tiva las alarmas por el auge en España de la peligrosa bacteria que acecha en productos de supermercados» (*The Huffingtonpost*, 25/08/2024). La vaguedad del discurso político es, de hecho, una de sus características definitorias, y responde a dos cosas: por un lado libra de responsabilidad al emisor y, por otro, logra la adhesión de receptores muy distintos. Un ejemplo frecuente es mencionar un «efecto llamada» cuando se habla de inmigración: *«Son [ustedes] capaces de todo con tal de no reconocer la estrecha relación que hay entre la seguridad de los españoles y el efecto llamada y la política de puertas abiertas de la que son responsables»* (Fragmento del discurso del presidente de Vox en el Congreso, 15/09/2021).

3. **Transferencia.** Instaurar asociaciones fijas entre el mensaje transmitido y ciertas ideas o valores implícitos. Esas asocia-

ciones establecen vínculos estables entre, por un lado, las realidades materiales de la vida política y, por otro, los afectos, ya sea en su dimensión sentimental o ética. Los tópicos básicos esgrimidos por la extrema derecha contra los inmigrantes asumen una vinculación constante con la delincuencia que ejemplifica perfectamente este tipo de mecanismo asociativo. También los grandes términos de la política («libertad», «igualdad», «democracia», «concordia») pueden perder su significado referencial y utilizarse como palabras vacías que solo establecen este tipo de asociaciones afectivas. Así ocurre en el siguiente tuit de felicitación del partido Sumar (01/01/2024, 15:35h.): *«Feliz 2024. Que todos vuestros buenos deseos se conviertan en derechos»*.

4. **Testimonios.** Con ellos se busca la identificación o la adhesión a la *auctoritas*.

Es una estrategia de narrativización que facilita la persuasión, pues concreta las ideas en casos específicos con los que la ciudadanía puede (o no) identificarse. Se argumenta a partir de «casos reales» que persiguen la identificación del receptor: *«Todos se reían de ella y adelgazó 62 kilos: así es como lo consiguió»* (*El Confidencial*, 15/03/2019). El fenómeno del populismo punitivo es otro ejemplo claro, en el que se utiliza un caso concreto, convertido en tema estrella por los medios, para transformar la evidencia anecdótica en argumento para cambios legislativos.

5. **La gente sencilla.** Apelar a un receptor poco sofisticado, al gregarismo y a la necesidad de encajar en el grupo, pues los ciudadanos son más susceptibles de persuasión cuando forman parte de grupos. Un tópico habitual es invocar el sentido común: *«Feijóo pide el voto para llevar a*

La Moncloa "el sentido común gallego"» (*El Mundo*, 04/11/2011). Curiosamente, la desinformación populista recurre reiteradamente a una demonización de las élites realizada por personas que pertenecen a ellas.

6. **Cartas marcadas.** Seleccionar lo que se dice y ocultar la parte de la verdad que juega en contra. Para ello se recurre a términos equívocos (a veces llamados «palabras comadreja») que introducen sesgos en las expresiones. Por ejemplo, cada vez que el líder del Partido Popular español, Alberto Núñez Feijóo, repetía tras las elecciones generales de junio de 2023, que él y su partido *«habían ganado las elecciones»*, utilizaba el sintagma *«ganar las elecciones»* de esta forma marcada, pues él y su partido saben perfectamente que la Constitución de 1978 no da el gobierno al partido más votado, sino al que obtie-

ne los votos necesarios en el Congreso de los Diputados. «Ganar (las elecciones)» funcionaba en todas esas afirmaciones como palabra comadreja, y creaba desinformación. El paso inmediato es el recurso a falsedades y tergiversaciones, como ejemplifica un mitin del propio Núñez Feijóo más de un año después de esas elecciones, perpetuando la misma idea en sus votantes; obsérvense en el fragmento las palabras de expresividad negativa describiendo la aplicación del proceso constitucional: «*Nosotros ganamos las elecciones en las urnas, pero ellos recurrieron a engaños continuos, a cambios tramposos de las reglas y a la compra de voluntades*» (mitin de Alberto Núñez Feijóo, 31/08/2024). Si además, tras estas afirmaciones, una agencia de noticias como Europa Press las difunde ecoicamente, con usos lingüísticos erróneos («recordar» es un verbo factivo que asume la veracidad de aquello que se recuerda) y una utilización muy cuestionable de los mecanismos de cita, la misma desinformación da el salto desde el discurso político al discurso mediático y aumenta su difusión: *«#LoMásVisto | Feijóo recuerda que el PP ganó las elecciones pero el PSOE "recurrió a engaños continuos y a cambios tramposos de las reglas": "Eso no volverá a ocurrir. Volveremos a ganar las elecciones y lo haremos con la ventaja suficiente para gobernar"»* (tuit de *Europa Press*, 01/09/2024).

7. **Caballo ganador.** Se construyen mensajes que apelan al instinto humano de unirse a la masa y rechazar a quienes se prevén perdedores minoritarios. Esta estrategia es importante en la desinformación política y se relaciona directamente con la manipulación de los datos que ofrece la demoscopia electoral.

No obstante, junto a estas estrategias clásicas de la propaganda, destacan otras que son recurrentes en la desinformación, algunas especialmente aptas para la difusión digital:

8. **Ausencia de fuentes.** El discurso desinformativo suele ser un discurso ambiguo, en el que no aparecen las fuentes de verificación que exige la labor periodística. Las falsedades pueden refugiarse en generalizaciones: "los filósofos", "los científicos", "las feministas" …: *«Entre los científicos están ganando aquellos que defienden la verdad de la creación frente al relato de la evolución»* (declaraciones en el Senado del exministro Mayor Oreja, 02/12/2024)

9. **Pseudoepigrafía digital.** Simultáneamente se utilizan textos que se atribuyen falsamente a voces de autoridad, es decir, falsos testimonios cuya credibili-

dad se intenta rentabilizar. Las Fig. 3 y 4 muestran dos casos de utilización de celebridades occidentales por parte de la propaganda rusa.

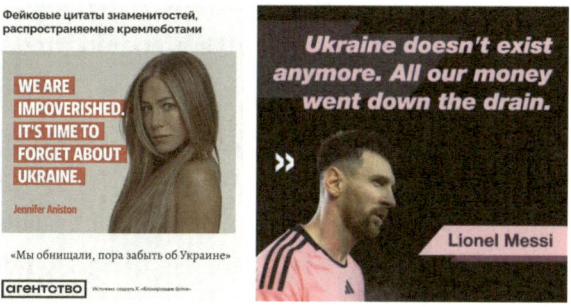

Fig. 3 y Fig. 4. *Falsos mensajes difundidos en redes sociales y atribuidos a celebridades occidentales por la desinformación rusa.*

10. Juego presuposicional. Puede considerarse una modalidad de cartas marcadas. La desinformación se incorpora incrustada implícitamente en los mensajes mediante unos elementos lingüísticos que se llaman «gatillos presuposicionales». Por ejemplo, cuando un titular de un pseudomedio afirma «*Sánchez no firmó la carta de apoyo de EEUU y la UE a Israel por miedo a la reacción de sus socios*» (*OKdiario*, 13.10.2023), está abriendo la posibilidad de que esa firma hubiera podido producirse (y atribuyendo supuestos motivos perversos), pero esto era imposible porque tal carta era de un grupo —el grupo Quint de la OTAN, formado por Estados Unidos, Alemania, Francia, Reino Unido e Italia— al que España no pertenece. El titular se apoya en la ignorancia de los destinatarios para introducir esa presuposición falsa. Y al activar presuposiciones falsas mediante la negación («*no firmó*»), el esquema narrativo de la noticia consiste en culpar al presidente Sánchez de algo que de ninguna manera podía hacer, convirtiendo en «noticia» acusadora un escenario imposible.

11. **Empaquetados metafóricos.** Las metáforas funcionan como paquetes semánticos completos que evitan la designación directa; su uso es habitual en la desinformación despectiva o criminalizadora. Por ejemplo, cuando el presidente de un partido se refiere reiteradamente al presidente del gobierno como *«el líder de la manada»* está activando en sus votantes la identificación establecida entre el presidente y un delito de violación bien conocido en la opinión pública. Algunos lingüistas se refieren a este tipo de metáforas como «silbatos para perros», pues funcionan como mensajes en clave, sobreentendidos cuya interpretación solo resulta accesible para los miembros del propio grupo. Estos usos activan la complicidad endógena y, por tanto, un sentido de pertenencia propio de las jergas; son sintagmas que se cargan de connota-

ciones y funcionan como «empaquetados discursivos» implícitos, cuyo significado denotativo nunca se precisa: «calimocho fiscal», «pacto encapuchado». Las metáforas desinformativas aparecen en todos los ámbitos; por ejemplo, cuando las empresas eléctricas denominan «beneficios caídos del cielo» a unos ingresos que obtienen en determinadas circunstancias, pero que no les llegan precisamente del cielo sino a través de la facturación a los clientes.

12. **Titulares anzuelo (***clickbaits***).** Son mensajes que contienen una pregunta o una información sorprendente. Son titulares del tipo *«El aceite que daña el hígado, los riñones y el corazón y usamos todos los días: el aviso»* (*El Español*, 06/07/2024). Su intención es forzar al lector a abrir el correspondiente hipervínculo.

13. **Paratexto engañoso.** En el discurso público, los elementos materiales del texto (es decir, el «paratexto») son una herramienta valiosa para el engaño a los destinatarios; incluyen los sonidos e imágenes que acompañan los mensajes, pero también la escenografía general en que estos se desarrollan. Por ejemplo, un líder de la oposición puede organizar una comparecencia ante los medios rodeándose de elementos que imitan las ruedas de prensa gubernamentales, buscando similitudes formales (edificio, banderas, atril…). Algunos mensajes publican falsedades que se acompañan de imágenes reales pero pertenecientes a otro contexto. Entre este tipo de manipulaciones destacan las infografías manipuladas que aparecen en medios y pseudomedios. La Fig. 5 muestra un gráfico difundido en la cadena televisiva *Antena 3* (02/07/2024).

Basta comparar hasta dónde llegan el 146,7 de Suecia, el 46,1 de España y el 29,5 de Grecia para verificar hasta qué punto la imagen está manipulada y el gráfico no representa lo indicado por los números, sino que ofrece una imagen falsa de los países mediterráneos, una imagen al servicio de la desinformación catastrofista.

14. **Los contenidos sintéticos y ultrafalsos de la IA.** En el uso de la imagen y el sonido las inteligencias artificiales generativas proporcionan el nivel máximo de elaboración de mensajes falsos, pues permiten manipular el audio y la imagen (tanto fija como animada) para que los destinatarios de los mensajes vean «con sus propios ojos» y escuchen «con sus propios oídos» esas realidades impostadas. Desde los primeros años de la digitalización, las imágenes digitales eran

manipuladas con cierta facilidad, y la imitación de logos ha sido un recurso habitual en las falsificaciones comerciales, como muestran las Fig. 6 y 7.

Fig. 5. *Ejemplo de desinformación paratextual mediante gráficos manipulados.*

Fig. 6. *Falsificación de un texto gráfico: el logo superior es una falsificación del logo de BMW.*

Fig. 7. *Logo de China Export que plagia claramente la tipografía y composición del logo de marca Conformité Européenne.*

Sin embargo, las nuevas máquinas de IA permiten falsificar las voces y los vídeos, abriendo enormes posibilidades de manipulación. La aparición de estos mensajes ultrafalsos (*deep fakes*) data de 2017, cuando un equipo de investigadores de la Universidad de Washington (Supasorn Suwajanakorn, Steven M. Seitz e Ira Kemelmacher-Shlizerman) crearon y difundieron un video en el que aparecía un falso Barak Obama —un «Obama sintético»— totalmente verosímil. La eclosión de estas máquinas de generación de contenidos sintéticos se consolida en noviembre de 2022, con el lanzamiento en abierto de la primera versión de ChatGPT (*Chat Generative Pre-trained Transformer*, es decir, *Transformador Pre-Entrenado Generativo de Chat*) por parte de la empresa OpenIA. Su utilización para crear imágenes falsas tiene múltiples finalidades desinformativas entre las que —de nuevo— destaca el acoso misógino, por ejemplo con la oleada de falsos videos sexuales y pornográficos de mujeres jóvenes, adolescentes y niñas realizados por parte de sus propios compañeros varones; en los institutos de Corea de Sur se calcula que un 70% de escuelas e institutos tienen grupos de alumnos que comparten en Telegram este tipo de videos falsos de sus compañeras, grupos que pueden superar las 220.000 cuentas de seguidores.

> *La desinformación se apoya en las mismas reglas y técnicas que la propaganda, aunque el contexto digital acelera enormemente las posibilidades de difusión de los mensajes y, por tanto, de éxito desinformativo.*

3. Ámbitos de la desinformación: de la realidad política al negacionismo científico

Los emisores de desinformación extienden sus falsedades en múltiples ámbitos de la vida social. Probablemente, el ámbito político es el que más atestigua el poder de estos mensajes falsos, debido a su impacto de amplio alcance en la opinión pública y la consiguiente preocupación en los organismos e instituciones democráticos.

Existen bulos históricos que se mantienen arraigados en la esfera pública (por ejemplo, que en 1931 el PSOE votó en contra del sufragio femenino, que el golpe de Estado franquista «libró» a España del comunismo, o que el Sistema de Seguridad Social nació durante el franquismo), junto a otras falsedades que se deslizan en nuestra cotidianeidad e inciden en el resultado de las elecciones de las sociedades democráticas modernas de un modo no equiparable a lo que ocurría con los medios de comunicación de masas (pues resulta obvio que estos también podían condicionar con falsedades y campañas sucias un resultado electoral).

Aunque internet es una herramienta formidable al servicio de la información y la transparencia, el proceso de la desinformación política intencional se incrementa sin parar desde su aparición y, sobre todo, con las redes sociales, hasta el punto de que nadie discute su impacto real, y decisorio, en el triunfo del Brexit o de Donald Trump. La compra de Twitter por parte del millonario Elon Musk y su activa campaña a favor de Trump durante 2024, con la colaboración igualmente intencionada de la

propaganda rusa, ejemplifican contundente-
mente hasta qué punto estas plataformas participan en la creación de opinión pública directamente manipulada. En diciembre de 2014 el
Tribunal Constitucional de Rumanía anuló el
resultado de la primera vuelta de las elecciones
presidenciales al constatar la injerencia decisiva
de la propaganda prorrusa mediante ataques ci-
bernéticos a favor del candidato euroescéptico
Georgescu, con más de 25.000 cuentas falsas
solo en TikTok. En las propias redes sociales
existen expertos que realizan tareas muy poten-
tes de seguimiento digital de estos discursos;
sus análisis de cómo nacen y se propagan los
bulos son elocuentes y demuestran la indefen-
sión ciudadana ante el poder de propagación de
la red. En España, entre los perfiles de ciencia
de datos destacan, entre otros, los de Marcelino
Madrigal, Mariluz Congosto o Julián Macías;
en el ámbito periodístico, los de Carmela Ríos,
Marta Peirano o Daniele Grasso.

Dado el personalismo hiperpresente en nuestras sociedades, una gran parte de los contenidos desinformativos se refieren a lo que hacen o no hacen, hicieron o no hicieron, los líderes políticos. Esta desinformación tiene, además, un sesgo que permite hablar específicamente de «desinformación por razón de sexo»: se difunde un tipo concreto de desinformación sexuada que ataca a las mujeres de la esfera pública (política, jurídica, periodística, intelectual) por el hecho de serlo. Como señala la jurista Argelia Queralt en un texto titulado *Desinformación por razón de sexo y redes sociales* (2023), la finalidad básica de este tipo de acoso digital es expulsar a las mujeres del debate público, desacreditándolas específicamente por su condición de mujeres y atribuyendo cualquier éxito logrado a las cuotas de discriminación positiva. Estas desinformaciones por razón de sexo se alinean ideológicamente con la oleada de populismo reaccionario que se extiende desde la segunda década del siglo XXI en todos los países democráticos, uno de cuyos ejes fundamentales es la misoginia.

Pero junto a la política y sus protagonistas, la desinformación afecta a múltiples ámbitos de nuestra vida en sociedad. La irracionalidad y el anticientifismo que invaden la esfera pública en nuestra época justifican que continuamente asistamos a propuestas, presuntamente «alternativas», de explicación de múltiples aspectos de la realidad, empeñadas en desacreditar los hechos comprobados y las posturas científicas en nombre de «lo opinable»; en gran medida, se trata de versiones negacionistas de la ciencia y del consenso científico basado en hechos y datos. En muchas ocasiones esta defensa de las opiniones se justifica como defensa de la diversidad y la equidad; se rechaza cualquier pretensión de certeza, y las voces fundamentadas, expertas, que dan argumentos sobre los hechos (o justifican la duda con esos mismos hechos), se equiparan a las voces anónimas de la opinión infundada, encumbrándolas a lo que ahora se llama «influentes» y hasta hace poco se llamaba «charlatanes»: según el diccionario de la RAE, quien «engaña o embauca a través de la palabra, frecuentemente fingiendo sabiduría». Estos personajes se cargan de una falsa autoridad que aprovechan para sentar cátedra en todo tipo de asuntos; recomiendan opciones políticas con la misma naturalidad que defienden pseudoterapias, dietas o medicamentos, y obtienen enormes beneficios económicos de tales sugerencias.

El calificativo de «alternativo/a» se utiliza en ocasiones para describir las versiones desinformativas. En 2017, Kellyanne Conway, asesora de Presidencia durante el primer mandato de Trump, se refería sistemáticamente a las falsedades emitidas desde la Casa Blanca como «hechos alternativos». También el partido alemán de extrema derecha, Alternative für Deutschland (Alternativa para Alemania), utiliza el mismo calificativo en su denominación. El uso del término es, en sí mismo, un acto de desinformación, pues ni las falsedades ni los prejuicios ni la discriminación pueden considerarse «alternativa» defendible en sociedades democráticas.

El desafío a la ciencia y a los consensos es un componente básico de los populismos del siglo XXI, y la pandemia del coronavirus nos dejó una prueba contundente de ello, hasta el punto de que la OMS acuñó en los primeros meses la noción de «infodemia» para referirse a la proliferación de falsedades.

La nutrición es otro de los ámbitos donde la desinformación se despliega a sus anchas. A los tópicos del acervo popular (por ejemplo, ideas como que se debe beber el zumo de naranja recién exprimido porque, si no, «se le van» las vitaminas) se suman acciones específicas, como el etiquetado de los productos o su propia denominación (con el recurso a palabras comadreja como «eco», o los anglicismos *light* o *digesti-*

ve»), pasando por las campañas a favor de dietas de todo tipo. Basta buscar en una red social una «receta saludable» para que aparezca una cascada de publicaciones completamente alejadas de las recomendaciones nutricionales básicas. En paralelo, las secciones correspondientes de los medios se hacen eco de opiniones tergiversadas (¿quién no ha visto o leído noticias contradictorias sobre el efecto de consumir vino, café o huevos, por ejemplo?), a menudo malinterpretan los artículos científicos, o promocionan dietas defendidas por personajes populares que en el mejor de los casos son inocuas y, en otras ocasiones, directamente perjudiciales. La propia evolución de los hallazgos científicos, que provoca cambios de postura respecto a la benignidad o malignidad de algunos usos alimenticios, sirve de coartada para desacreditar las voces autorizadas. Las Fig. 8 y 9 muestran cómo incluso medios de comunicación de referencia pueden colaborar en la desinformación de base científica: la Fig. 8 muestra un tuit de la cadena pública RTVE en el que se publicita un programa cuya invitada propone beber agua de mar; en la Fig. 9 un artículo de *El País* habla en positivo de un producto cuya presunta eficacia antienvejecimiento carece de validación rigurosa y no funciona como información sino como publicidad encubierta. En ambos casos, las redes sociales sirvieron de escenario para desmentidos y refutaciones muy críticas.

Fig. 8. *Imagen de un tuit de la segunda cadena de RTVE del 16/08/2024, en el que se propaga el bulo de que beber agua de mar puede ser una buena práctica. El mensaje*

muestra 425.700 reproducciones y 461 redifusiones.

Fig. 9. *Artículo en El País,31/08/2024 elogiando un suplemento alimenticio sin valor científico y de una marca concreta.*

Aunque es probable que las ciencias de la salud sean las más atacadas por las campañas de desinformación (Fig. 10), especialmente con el desarrollo de las pseudoterapias, existen muchos otros ámbitos relevantes. La emergencia climática — y, con ella, las energías renovables— constituye sin duda un ámbito especialmente destacado, en la medida en que lleva aparejado un conjunto importantísimo de iniciativas políticas y económicas que disgustan a muchos actores sociales, como a industria alimentaria o los grandes propietarios agrícolas. El populismo de derechas ha desarrollado en este ámbito una línea fecunda de neologismos descalificadores al servicio de la desinformación (*«ecolojetas»*, *«intransigencia ecológica»*, *«timo climático»*), con el objetivo último de proteger los intereses de esas empresas y sus propietarios. En este ámbito resulta sorprendente el grado de ataques que sufren tanto en los pseudomedios como en las redes sociales los organismos y agencias climáticas, como la Agencia Estatal de Meteorología, AEMET: *«La AEMET baja los umbrales de temperatura para poder declarar más alertas por "calor extremo"»* (*Libertad Digital,* 22/08/2024). Este negacionismo climático es internacional y pertenece al que en el apartado 5 caracterizaremos como «nivel macro» de la desinformación (Fig.

11). El 8 de agosto de 2024 el diario británico *The Guardian* publicaba un texto de Fiona Harvey titulado «Una *"campaña de desinformación masiva" está retrasando la transición global hacia la energía verde*», en el que se citaba un informe de la ONU que acusaba a las empresas de combustibles fósiles como responsables de fomentar una «reacción global» contra la acción climática. Es fácil evocar acciones similares de la era predigital, por ejemplo los múltiples informes y artículos presuntamente científicos que, entre 1998 y 2001, negaban la relación del tabaco con el cáncer y que fueron financiados por las grandes empresas tabacaleras estadounidenses.

Pero conviene destacar que las ciencias humanas y sociales también experimentan el recurso interesado a la desinformación, y que, frente a lo que ocurre en las ciencias experimentales, este tipo de falsas creencias suele pasar más desapercibido. Con frecuencia son falsedades que se nutren de lagunas de conocimiento en los destinatarios y que pueden confirmar percepciones intuitivas. Como dijimos, estrictamente hablando la desinformación se corresponde con la difusión de bulos y libelos, pero en muchas ocasiones resulta innecesario explicitar esas falsedades y basta con recurrir a la ambigüedad o la imprecisión para activar la ignorancia de los receptores.

Fig. 10. *Declaraciones de Robert F. Kennedy Jr. afirmando que el virus de la COVID estaba diseñado para atacar a personas blancas y negras, y para salvar a los judíos asquenazíes y al pueblo chino. (New York Post, 15/07/2023).*

Fig. 11. *Negacionismo del cambio climático a propósito de la DANA de Valencia de 2024, y politización como ataque el presidente del gobierno.*

Los errores suelen tomar la forma de creencias equivocadas que se instalan en el imaginario público pero que no resisten el contraste con los datos. Por ejemplo, el *Barómetro Sanitario* de 2024, realizado por el Ministerio de Sanidad español en colaboración con el Centro de Investigaciones Sociológicas, mostraba una desinformación amplia respecto a la financiación del Sistema Nacional de Salud: un 50,1% de los encuestados creía que el sistema se financia con las cotizaciones del trabajo, y solo el 45,6% declaraba saber que son los impuestos de todos los ciudadanos los que lo sostienen. Sin duda, esa falta de información (presente en muchos otros temas) es terreno abonado para las propuestas políticas populistas reaccionarias, cuyos discursos calan más allá de la realidad y llevan a sus defensores a contradicciones (Fig.12) entre acción y opinión política.

Fig. 12. *El 06/09/2024, se viralizó un vídeo del canal argentino C5N, en el que un joven ciudadano admitía que cruzaba a Brasil diariamente para la compra básica porque los precios eran más baratos que en la Argentina gobernada por Milei, pero criticaba a Lula y al socialismo por la inflación. Noticia de Infocielo, 08/09/2024.*

El funcionamiento del Derecho y, en general, del ordenamiento jurídico, tampoco escapa a la desinformación interesada, especialmente en un contexto en el que las opciones de extrema derecha despliegan la judicialización de los temas políticos y la ciudadanía asiste a una cascada de noticias sobre procesos judiciales, citaciones, comparecencias y querellas. Con frecuencia, son los propios líderes políticos quienes alientan esa desinformación, aunque su viralización se realiza desde otras instancias. Una estrategia frecuente consiste en fomentar la confusión respecto a cuáles con las instituciones responsables de unas u otras competencias, por ejemplo cuando líderes autonómicos culpan al gobierno central respecto a temas en los que la competencia está transferida, como vivienda, sanidad o emergencias. En la posibilidad contraria, un líder puede arrogarse la posibilidad de asumir iniciativas que, por ley, no puede ejercer. Por ejemplo, el 30 de agosto de 2018, el entonces presidente del Partido Popular, Pablo Casado, publicaba un tuit en el que afirmaba: «*Pedimos a Sánchez que ponga orden en Cataluña sino [sic] será el @PPopular quien lo haga. Tenemos los votos suficientes en el Senado para volver a aplicar el 155, y con mayor extensión, porque fueron ellos los que limitaron su aplicación*».

El tuit (Fig. 13) es desinformativo porque planteaba una posibilidad no contemplada por la Constitución, que solo concede al Gobierno la capacidad de aplicar el artículo 155. Por supuesto, este tipo de declaraciones no tienen que ver con que el líder ignore o conozca la realidad constitucional —son mentiras intencionadas—, sino con trasladar a los electores la idea de que un partido en la oposición puede tomar iniciativas que el gobierno no asume. Sin necesidad de explicitar cómo funciona la aplicación de ese artículo constitucional, el mensaje rentabiliza el desconocimiento de los receptores y sitúa en el ámbito presuposicional los condicionantes jurídicos de su propuesta. El hecho de que muchos usuarios de Twitter contestaran la afirmación y trataran de evidenciar el error es casi intrascendente, porque la finalidad real del mensaje es colocar cierta idea en el ecosistema comunicativo.

Algo similar cabe decir de la respuesta de la ministra de defensa, Margarita Robles, cuando el PP acusó al CNI y al gobierno de la huida de Carles Puigdemont en agosto de 2024 (Fig. 14). La ministra respondió con un argumento típico de la falacia del *tu quoque*, señalando que los líderes del PP no podían dar lecciones porque durante la primera fuga del *expresident* catalán en el maletero de un coche, el 30 de octubre de 2017, gobernaba el presidente del PP, Mariano Rajoy. Este rebote argumentativo, no obstante, era desinformativo porque en el momento de esa primera fuga no había orden de detención (emitida el 03/11/2017), como sí la había en 2024.

Fig. 13 y Fig. 14. *La desinformación de los líderes políticos puede apoyarse en la ignorancia ciudadana sobre aspectos relacionados con ciencias sociales, como el derecho.*

El rechazo de las realidades científicas afecta igualmente a las ciencias humanas. Por ejemplo, el negacionismo y el revisionismo de la historia tienen, indudablemente, un peso enorme en la desinformación. La ya mencionada posición del PSOE ante el sufragio femenino en los años 30 o la historia del golpe de Estado de 1936 y la dictadura franquista son temas sometidos a un constante revisionismo interesado: «*Javier Ortega Smith, sobre las Trece Rosas: "Eran mujeres que torturaban, mataban y violaban vilmente"*» (*El Mun-*

do, 04/10/2019). Lo mismo ocurre con episodios más recientes de la historia.

Entre las ciencias humanas, también el propio funcionamiento del lenguaje es objeto de desinformación, pues la falacia de performatividad está ampliamente extendida en nuestra sociedad, y se incorpora de modo más o menos implícito en múltiples mensajes, especialmente en el ámbito de las retóricas identitarias de pretensión progresista (y sus leyes). Esta falacia consiste en tratar el lenguaje como una lista de palabras, asumiendo correspondencia directa y única entre una palabra y una realidad nombrada por ella, casi como en una lista de fórmulas y sus correspondientes compuestos químicos; de este modo, las lenguas naturales son concebidas como sistemas de señales, y no de símbolos. En virtud de este prejuicio, se trata el lenguaje como si las palabras representaran de forma directa sus referentes, cuando la realidad es que la relación con los referentes no corresponde a las formas fónicas, sino al signo completo, integrado por esas formas fónicas y sus significados abstractos. La acción de nombrar solo es performativa cuando corresponde al acto institucional de «nombramiento», y exige un contexto jurídico muy concreto (solo ciertos emisores pueden realizarlo): «*El Banco Central Europeo emite su veredicto sobre Guindos y Rajoy nombra a su sustituto*», *Capital Madrid*, 05/03/2018).

La falacia de performatividad supone aplicar el negacionismo científico al funcionamiento de las lenguas naturales, y es una de las herramientas más habituales para fomentar la desinformación. Consiste en reducir el lenguaje a la designación, es decir, a una simple nomenclatura, un etiquetado de la realidad que, además, puede someterse a la elección subjetiva de cada hablante en cada acto de habla. Con ello se rompe el pacto intersubjetivo necesario para que exista cualquier comunicación.

Esta concepción falaz del lenguaje, cuya manifestación más frecuente es el axioma de que *«lo que no se nombra no existe»*, está muy arraiga-da incluso en una parte del discurso académi-co, pero no resiste el análisis lingüístico serio. Salvo en los conjuros y sortilegios, la perfor-matividad no es una propiedad de las palabras, sino de ciertos actos de habla. La confusión surge porque, en algunos casos muy concretos, estos actos de habla añadidos al decir pueden realizarse simplemente con la pronunciación de ciertos verbos: los «verbos performativos». Así, decimos que «prometer», «apostar» o «agrade-cer» son performativos porque basta pronun-ciar *«prometo que…»*, *«apuesto a que…»* o *«agra-dezco…»* para que esas acciones se ejecuten. Cuando sumamos ciertas condiciones sociocul-turales, la performatividad se amplía a verbos que realizan actos declarativos como bautizar, firmar un contrato, votar, sentenciar...

En todos los casos, sin embargo, la performa-tividad es exclusiva de las acciones que se reali-zan mediante tales verbos, y en absoluto puede extenderse al simple acto de la designación, que es lo que pretenden tanto la falacia de performatividad como el eslogan «lo que no se nombra no existe». En la esfera pública, los discursos totalitarios nos demuestran, simultáneamente, que hay cosas que no pueden ser mencionadas pero existen (Fig. 15), mientras otras que se nombran insistentemente no existen o no corresponden a lo nombrado. Lo mismo pasa en la publicidad y la propaganda. Incluso en la vida privada experimentamos que el manido eslogan es falso. Sabemos, sin duda, que una conversación puede girar continuamente en torno a algo que nadie nombra, del mismo modo que en cualquier conversación nombramos fácilmente cosas que no existen. Decía Roland Barthes en sus *Fragmentos de un discurso amoroso* que, en realidad, todas las conversaciones de amor consisten en repetir, sin decirlo, *«yo te quiero más»*.

Fig. 15. *Lo que no se nombra, existe. Noticia de El País referida a la prohibición de Putin de llamar «guerra» a su invasión de Ucrania en 2022.*

En definitiva, cuando nos planteamos cuáles son los ámbitos preferidos para la desinformación comprobamos que existe un nivel que impacta en la realidad cotidiana de la vida democrática junto a otros ámbitos y esferas temáticas en los que la desinformación se vincula estrechamente con el anticientifismo y el negacionismo. A partir de esta diferencia, en el apartado §5 diferenciaremos dos niveles en el impacto cognitivo de la desinformación.

Es posible identificar desinformaciones que se propagan en prácticamente todos los ámbitos de la vida social. En la esfera política, la desinformación está al servicio de la competición por el poder (en los entornos democráticos) o del mantenimiento del poder (en entornos no democráticos). En otros ámbitos (salud y sanidad, economía, climatología, justicia, lenguaje...), uno de los motores de la desinformación es el antiintelectualismo y el rechazo de la racionalidad científica, dando prioridad a las opiniones subjetivas.

4. Los contextos concéntricos de la desinformación

Para entender el éxito de la desinformación es importante tener en cuenta los procesos subyacentes y los diversos contextos incrustados en los que se abren paso este tipo de mensajes. La Fig. 16 esquematiza la disposición concéntrica de cuatro niveles contextuales en los que opera y se difunde la desinformación. Estos contextos concéntricos mantienen relaciones de interdependencia.

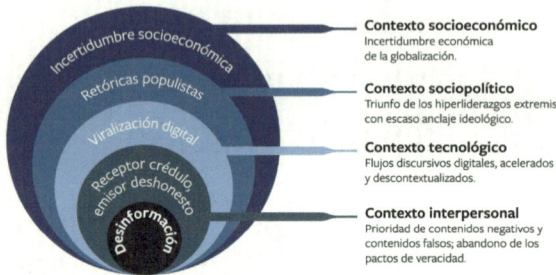

Fig. 16. *Los contextos acumulados de la desinformación.*

4.1. POLARIZACIÓN ECONÓMICA EN EL MUNDO POSTGLOBALIZADO

En el círculo contextual más externo la desinformación se ve condicionada por la situación de incertidumbre socioeconómica general de nuestras sociedades, derivada de los procesos de globalización y deslocalización que se fraguaron desde el último tercio del s. XX. Las investigaciones sociológicas y económicas de los últimos años coinciden, de hecho, en señalar una vinculación entre el auge de los populismos reaccionarios y el aumento de las dificultades económicas de las clases medias, derivadas de esos procesos de posglobalización.

Estas investigaciones describen un circuito psicosocial que tiene como punto de origen la desigualdad económica (una desigualdad en la que emergen, como grupo empobrecido, los llamados «perdedores de la globalización») y encadena diversos pasos. Simplificando (inevitablemente) la descripción que elaboran estos estudios podemos decir que, en primer lugar, la desigualdad socioeconómica reduce la cohesión social, polarizando las diferencias entre clases sociales y provocando en la ciudadanía un incremento de la desconfianza, con la consiguiente percepción de inseguridad económica y de amenaza. En un segundo estadio, estas desigualdades facilitan el aumento de la identificación endógena, sobre todo en clave nacional (nacionalista), y la disminución del respeto y la tolerancia hacia quienes no son del propio grupo. El tercer paso inmediato conduce a una criminalización del diferente (representado básicamente por el extranjero pobre), que es simultánea a la falta de apoyo a las políticas de redistribución económica. En este proceso de radicalización de las desigualdades y pérdida de derechos ciudadanos, los líderes recurren a las retóricas populistas para obtener rentabilidad política, consiguiendo el aumento del apoyo a las fuerzas ultras y a sus propuestas no equitativas, que a su vez alimentan el círculo de la desigualdad.

En definitiva, los contextos de incertidumbre socioeconómica que han acompañado los efectos de la globalización pueden considerarse como el escenario amplio que sirve de fondo general para los discursos desinformativos. Por este motivo es importante señalar que la tan comentada «polarización discursiva» va precedida siempre de una polarización socioeconómica.

4.2. RETÓRICAS POPULISTAS Y DESINFORMACIÓN

El crecimiento de la desigualdad económica en el siglo XXI, que hemos descrito esquemáticamente, supone altas concentraciones de riqueza en manos de unas élites —entre las que destacan los grandes empresarios tecnológicos— y la pérdida de poder adquisitivo de las clases medias, lo cual redunda políticamente en su alejamiento respecto al modelo democrático. En el círculo 2 de la Fig. 16 se destaca la importancia de ese contexto sociopolítico para los flujos comunicativos que transmiten los bulos, las falsedades y los libelos, una dimensión que se relaciona con el auge de los movimientos populistas, especialmente de extrema derecha, cuya caracterización es, básicamente, de naturaleza retórica.

Patrick Charaudeau, uno de los lingüistas que más y mejor ha investigado este tipo de discursos, considera que el populismo es una estrategia para conquistar (o ejercer) el poder mediante un discurso que radicaliza de forma hiperbólica ciertos imaginarios y escenografía políticos. Esa escenografía exagerada tiene un marcado carácter narrativo, e incluye:

— La descripción catastrofista de la realidad mediante un discurso vehemente, paroxístico, violento.

— La victimización del pueblo.

— El señalamiento de los culpables de tal catástrofe (las élites, los emigrantes, los intelectuales, el gobierno, las feministas…).

— La exaltación de la figura de un líder salvador, que revertirá la situación a un estado nacional previo, idealizado pero nunca concretado.

— La exaltación de valores (*ethos*) y la inter-
pelación emocional (*pathos*), relegando a
segundo plano los temas políticos del
bien común (*logos*).

— La heterogeneidad e indefinición ideológica.

Esta estructura textual, típicamente narra-
tiva, se rellena con los protagonistas, lugares y
tiempos propios de cada caso, pero el esquema
subyacente es compartido y reconocible. Resulta, además, idóneo para que esos «imaginarios
radicalizados» que menciona Charaudeau den
el salto y la visión catastrofista se exagere según
convenga, hasta naturalizar el recurso a falsedades.

El esquema explicativo de la conspiración se
ajusta como un guante a esta escenografía re-
tórico-política; por ello los líderes construyen
discursos catastrofistas y anuncian calamidades
sin cesar, con independencia de que la realidad

y los hechos desmientan después estos augurios siniestros. La realidad, podríamos decir, es lo de menos; lo importante es consolidar un clima emocional negativo que estimule en la ciudadanía emociones y actitudes igualmente negativas. Se trata de una posición discursiva especialmente apta (y rentable) para partidos y líderes que no ocupan posiciones de gobierno, sino de oposición, pues resulta obvio que la interpretación crítica suele aplicarse a las políticas ajenas y raramente a las propias.

Teniendo en cuenta esta asociación de las retóricas populistas con partidos que no ocupan el gobierno, surge otra característica importante de estos discursos, que es su doble despliegue temporal:

— Por un lado, existe un discurso populista típico que se encarga de presentar en términos calamitosos la situación actual; es una desinformación referida el presente, a las acciones de gobierno y las realidades que se producen cada día.

— Por otro lado, existe un discurso desinformativo que opera en un plano temporal futuro, anunciando tramas y confabulaciones con el mismo resultado catastrofista, lo que supone ampliar la dimensión afectiva negativa introduciendo la amenaza y el miedo.

Las estrategias retóricas reaccionarias que, en los años 90, el economista Albert Hirschman calificó como «retóricas de la intransigencia» ejemplifican el punto de contacto entre estos dos planos temporales. Aunque insiste en que es posible encontrar estas mismas estrategias en discursos progresistas, Hirschman propone que existen tres patrones argumentativos constantes en el modo en que los discursos reaccionarios han contestado a la Revolución Francesa, al sufragio universal y, más recientemente, al Estado del Bienestar, y las tres apuntan a las consecuencias previsibles de las políticas progresistas:

1. Los argumentos de perversidad: la ley o las medidas con las que un gobierno pretende solucionar cierto problema solo conseguirán agravarlo *(«Moreno Bonilla se sube el sueldo un 22% pero rechaza incrementar el salario mínimo porque "puede generar más perjuicio que beneficio"»*, Diario *16*, 27/12/2023).

2. Los argumentos de futilidad: las medidas propuestas serán inoperantes y no lograrán los objetivos. *(«[El portavoz del Gobierno andaluz del PP, Elías] Bendodo: La rebaja del IVA en la factura de la luz busca "tapar el 19J" tras el "timo de la excepción ibérica"»*, Europa Press, 22/06/2022).

3. Los argumentos de riesgo: se propone que las propuestas gubernamentales suponen un precio demasiado alto. *(«VOX*

se posiciona contra la Tasa Turística y se afirma como único defensor del sector en la provincia de Sevilla. (…) "Ni se puede ni se debe penalizar a aquellos que generan empleo y oportunidades en nuestra provincia"», Nota de prensa del partido Vox, 26/04/2024).

El contrapunto a estos presente y futuro críticos lo proporcionan las alusiones indefinidas y ambiguas a un pasado que se mitifica como aspiración deseable. El lema trumpista MAGA (*Make America Great Again*) ejemplifica este deseo explícito de involución, desplegado mediante múltiples lugares comunes que idealizan de manera sesgada momentos históricos previos y desarrollan discursos de falsa nostalgia sobre lo bien que se vivía en tiempos pasados. De este modo se consigue instaurar en el ámbito discursivo público una realidad «alternativa» compacta, que cubre todas las dimensiones temporales, lo cual sin duda refuerza su capacidad persuasiva.

Las retóricas populistas reaccionarias se caracterizan por describir una situación catastrofista en la que concurren tres actores fundamentales: unos culpables, unas víctimas y un salvador. Esta descripción prototípica opera en dos planos temporales: por un lado, la descripción de la situación actual del país, y, por otro, el augurio constante de calamidades y crisis futuras. Ambos planos se completan con la idealización de un pasado mitificado e idealizado. Estos tres modelos temporales explican la idoneidad de los esquemas narrativos conspirativos para el asentamiento de estas retóricas y, con ellas, de los estilos políticos asociados.

4.2.1. *Desinformación y discurso del odio*

Los estudios sobre cómo funciona la propagación de mensajes digitales señalan que existen unos contenidos que son más idóneos para la difusión que otros. Esta idoneidad es formal, en la medida en que se difunden mejor los mensajes breves, efectistas y narrativos, pero es sobre todo semántica, porque los seres humanos tenemos una sensibilidad más receptiva ante los mensajes negativos que ante los positivos. Esta prioridad perceptiva se relaciona, en última instancia, con la necesidad de supervivencia y se traduce en que los mensajes de alerta y amenaza nos despiertan más interés que los neutros o positivos, captan mucho más nuestra atención. En consecuencia, una parte importante de la desinformación la integran mensajes que activan la polaridad emocional negativa, pues es un mecanismo de enganche atencional muy efectivo.

Cuando trasladamos esta relevancia de lo negativo al ámbito político surge el discurso del odio, que es una manifestación radical de las retóricas negativas y la desinhibición discursiva que caracteriza a los partidos conservadores y ultraconservadores. Esa desinhibición —que lleva a diferentes líderes a presumir de *«hablar claro»*, *«hablar sin complejos»*, *«llamar a las cosas por su nombre»*— supone un primer paso en la transgresión de consensos. Su base es, sencillamente, el miedo que procede de la otredad y la necesidad de estigmatizar al que es diferente respecto a la identidad que se considera propia, por más indefinida que, en el fondo, esta pueda ser. Esta criminalización del diferente está, como hemos visto, en la base de las retóricas populistas y su activación de las emociones negativas, con un esquema narrativo-argumentativo que propicia la atribución de culpas y las teorías conspirativas.

Esta retórica negativa que cristaliza en el discurso del odio tiene su arraigo cognitivo en las ideas radicales y extremas. El sociólogo francés Gérald Bronner, en su libro *La pensée extreme* (2009), atribuye dos características esenciales al pensamiento extremista característico del discurso del odio:

— Son creencias que tienen una transubjetividad baja, es decir, se trata de ideas que no gozan de aceptación generalizada en nuestras sociedades. Precisamente eso es lo que buscan estos discursos (para ser exactos, sus emisores): modificar los estándares morales para que, por ejemplo, no dar cobertura sanitaria a un extranjero o incluso dejarlo fallecer en su intento de llegar a Europa, acaben resultando ideas aceptables y defendibles, en una triste demostración de la ventana de Oberton. El concepto de «desconexión moral», desarrollado en múltiples trabajos por el psicólogo Albert Bandura —y que enlaza con el más conocido de «banalización del mal», de Hanna Arendt—, explica que este tipo de ideas, contrarias a los derechos humanos, puedan resultar defendibles para algunas personas.

— Son creencias sociopáticas, es decir, que si realmente llegaran a instalarse en la sociedad, la romperían, porque no permitirían la convivencia.

La Historia nos demuestra que esta manipulación de las emociones negativas por parte de líderes políticos o religiosos no es en absoluto novedosa, aunque su difusión digital sí agrave notablemente el problema. Vale la pena rescatar el modo en que, en *La llama sagrada* (George Cukor, 1942), la viuda Christine Forrest (Catherine Hepburn) describía al periodista O'Malley (Spencer Tracy) la posición política de su fallecido esposo, líder del «Movimiento América»:

Vi el rostro del fascismo en mi propia casa (…) pero no lo llamaban fascismo; lo pintaban de azul, blanco y rojo, y lo llamaban americanismo. (…) Esta era la esencia de su plan. Aquí hay varios artículos preparados para remover los odios latentes dentro de la nación. Este debía publicarse en un periódico antisemita atacando a los judíos; este era para la Gaceta Agrícola incitando a los campesinos contra los de la ciudad; este ataca a los católicos; antinegros, antilabo-

ristas, antisindicatos, una sutil llamada al Ku Klux Klan…. Aquí hay una lista de editores de periódicos que o bien querían ocupar cargos públicos o querían nombrar a quienes ellos creían que debían ocuparlos.

Fig. 17 y Fig. 18. *Fotogramas de La llama sagrada.*

El fragmento recoge una estrategia de «discurso a la contra» que, ocho décadas después, nos resulta inquietantemente familiar. Aunque el texto pertenece a la época predigital y, por tanto, se refiere a artículos de prensa escrita, es fácil comprobar que la complicidad de los medios de comunicación en la amplificación de estas posiciones ideológicas sigue siendo fundamental. Este discurso a la contra convierte la vida en sociedad en una guerra constante, y el contexto de desigualdad creciente facilita su reflejo discursivo con la exaltación de emociones negativas, como la repugnancia o el resentimiento. La culminación de las campañas digitales organizadas de los discursos de odio es el estallido de la violencia ciudadana.

El discurso del odio puede llegar a frivolizarse como estrategia retórica, acercándose a la posición psicológica de la posverdad. En estos casos asistimos a la utilización estereotipada de ciertos mensajes cuya única función es enmascarar la ausencia de un discurso verdaderamente político. Podemos asimilar esta técnica discursiva a una posición de ruptura del diálogo porque supone una repetición de ciertos mensajes, casi a modo de eslóganes, que bloquea cualquier posibilidad de argumentación en términos políticos. La frivolización cínica envuelve estos mensajes en un pretendido tono humorístico o sarcástico que, como ocurre en los términos que funcionan como «silbatos para perros», solo es aceptado por los correligionarios. Las imágenes de las Fig. 19 y 20 recogen dos ejemplos típicos de esta frivolización por parte de líderes del Partido Popular: los mensajes *«que te vote Txapote»* y *«me gusta la fruta»* (este último como eufemismo del insulto «hijo de puta»), dirigidos por la dirigente del PP Isabel Díaz Ayuso contra el presidente del Gobierno, han sido utilizados casi como «identidad de marca» por parte del partido.

Fig. 19 y Fig. 20. *Frivolización del odio. Noticias de El País, 12/10/2023 y de El periódico de España, 19/12/2023.*

4.2.2. *Desinformación y libertad de expresión*

Nos ocuparemos en el apartado §6 de algunas medidas institucionales que, mediante normativas y leyes, intentan proteger a las democracias y a sus ciudadanos del impacto negativo de la desinformación. Antes, sin embargo, conviene subrayar que la desinformación va más allá de propagar falsedades y embustes, e incluye otras *acciones paralelas* al discurso que no están amparadas por la libertad de expresión.

Calumniar, difamar, insultar, incitar a actos hostiles contra un colectivo, animar a los electores a violar las leyes, estafar, criminalizar a un grupo social..., son ejemplos de acciones que pueden ser simultáneas al acto de difundir falsedades. Frente a las habituales acusaciones de que se está coartando la libertad de expresión, es necesario insistir en que el objeto de las medidas jurídicas e institucionales promovidas por los gobiernos son estas acciones simultáneas al discurso —algunas de ellas tipificadas como delitos— y no el discurso en sí mismo.

Es necesario diferenciar la irrenunciable libertad de expresión de otras acciones comunicativas que pueden incitar al odio y la discriminación e, incluso, ser constitutivas de delitos.

4.3. CANALES DIGITALES DE DIFUSIÓN DE LA DESINFORMACIÓN

4.3.1. *La difusión comunicativa digital*

El tercer círculo contextual de la desinformación (Fig. 16) se relaciona con el soporte tecnológico de los mensajes, que es el que favorece su altísima facilidad de difusión; por ello resulta necesario detenerse en cuáles son esos canales de propagación y cómo funcionan. La comunicación pública del siglo XXI (y con ella, la opinión pública) se ve afectada por una serie de rasgos determinantes, que fueron señalados con enorme capacidad de previsión por el lingüista

Norman Fairclough en varias publicaciones de los años 80 y 90 del siglo XX: se trata de la democratización, la mercantilización y la tecnologización del discurso.

En primer lugar, efectivamente, podemos asumir que el acceso a la voz pública se ha democratizado. Cualquier ciudadano con una conexión a internet puede convertirse en emisor del discurso público, ya sea mediante portales web o blogs, mediante redes sociales, o mediante perfiles de mensajería. Este escenario, que ya no filtra el acceso a la esfera pública por ningún mecanismo de autoridad o pericia profesional, convierte el discurso público en una competición por conseguir la atención, y elimina las diferencias entre registros y entre emisores que eran propios de las sociedades predigitales y atribuían a la prensa democrática el papel decisivo como «guardabarrera» y como definitoria de la agenda temática pública. Algunos autores hablan, precisamente, de «democratización del fraude», para referirse a los usos desinformativos que permiten los contenidos ultrafalsos.

En segundo lugar, el discurso público se ve condicionado por las tecnologías que lo soportan. En el siglo XXI la mediación digital —necesaria para recibir atención— impone condicionantes específicos a los mensajes, como la celeridad, la brevedad, la falta de estructura, la fragmentación, etc. No obstante, el impacto de la digitalización no es algo nuevo. Ya a mitad del s. XX, filósofos como Anders Günther y Marshall McLuhan habían vinculado tecnologías y dominación política. Las tecnologías electrónicas de la radio y, sobre todo, la televisión, fueron a lo largo del siglo XX un elemento determinante en la configuración de la opinión pública, alejándola paulatinamente de los estándares propios de la que Neil Postman, en su fantástico libro *Divertirse hasta morir* (1985), llamaba la «Era de la Imprenta» o «Era de la disertación». Aunque la radio es inseparable del éxito de los totalitarismos de los años 30, la televisión —especialmente los programas del infoentretenimiento— es responsable esencial de la conversión de la política en espectáculo, fomentando la hegemonía de los formatos narrativos que ceden protagonismo a las personalidades de los representantes políticos en detrimento de los partidos y la argumentación ideológica.

En tercer lugar, el discurso se mercantiliza, pasa a ser tratado como un bien de consumo. Mientras los contenidos informativos de calidad se ven filtrados por muros de pago, imprescindibles para mantener la necesaria profesionalidad de los medios, la desinformación circula aparentemente gratis en redes sociales y pseudomedios, a la vez que sus consumidores, subrepticiamente, ceden los metadatos de su información personal a las grandes empresas tecnológicas. La noción de «capitalismo de la vigilancia», propuesta por la socióloga Shoshana Zuboff en 2018, explica el modo en que cada usuario de la red se convierte, a partir de sus metadatos, en mercancía apetecible para las empresas de publicidad web. El eslogan que resume esta mercantilización señala que «si algo es gratis, tú eres el producto».

> *Existen ciertos rasgos inherentes a la sociedad digital que contribuyen a la facilidad desinformativa: la democratización del acceso a la voz pública iguala a todos los emisores en su capacidad de difundir mensajes; las tecnologías digitales favorecen la diseminación de mensajes cortos, sin estructura, fragmentarios, sobre todo de contenidos emocionales y conflictivos; por último, la mercantilización del discurso a través de los metadatos de los usuarios de internet explica la proliferación de páginas web y perfiles de redes sociales específicamente desinformadoras, que obtienen beneficio económico de esos contenidos falsos.*

Estas tres características de los discursos públicos actuales son relevantes para entender el fenómeno de la desinformación. Además, la tecnología digital explica el recurso a otros dos conceptos básicos con los que en ocasiones se ha pretendido justificar la facilidad de difusión de las falsedades en el mundo digital: las burbujas de filtrado y las cámaras de eco:

— El investigador y ciberactivista Eli Pariser propuso en 2011 el concepto de «burbuja de filtrado» (*filter bubble*) para señalar que los algoritmos de los buscadores o las redes sociales nos muestran siempre un contenido similar al de las webs y publicaciones que ya hemos visitado previamente. Propone que, de este modo, los algoritmos crean una burbuja cognitiva en la que solo entran contenidos compatibles entre sí. El concepto no es novedoso; la idea de que preferimos seguir perfiles de redes sociales o consultar webs con los que tenemos afinidad existía ya en la etapa predigital, y se denominaba «periodismo de convalidación». La función tradicional de los editores de prensa como «guardabarreras» (*gatekeeping*) no deja de ser un filtrado de la realidad, aunque no lo realice una empresa tecnológica mediante un algoritmo, sino un equipo de profesionales de la información normalmente vinculados a un código deontológico.

— Aunque algunos investigadores los manejan casi como términos sinónimos, el concepto de «cámara de eco» o «cámara de resonancia» suele referirse a un tipo de burbuja en la que la exclusión de otras voces no viene determinada simplemente por el historial previo del usuario, sino que responde a una intención activa. Por ejemplo, puesto que alguien pertenece a un partido político al que nunca votaríamos, nos negamos a darle la razón en cualquier cosa que diga; inversamente, si alguien dice algo que coincide, siquiera parcialmente, con lo que dice cierto partido político, lo desacreditamos y lo asociamos con la ideología de ese partido. Ocurre, por ejemplo, cuando las feministas son tachadas de reaccionarias por oponerse a las leyes que defienden la sustitución del sexo biológico por el género psicosocial. Estas asociaciones tienen también un impacto en la autocensura, que se produce cuando ciertos hablantes (ciudadanía, política, prensa) se abstienen de ciertas afirmaciones porque parecen coincidir con las que exhibe un oponente. Las cámaras de eco las fomentan también los partidos políticos cuando prohíben el acceso a sus eventos a ciertos medios de comunicación; en España lo ha hecho sistemáticamente el partido Vox, pese a la existencia de sentencias del Tribunal Supremo en contra, pero también lo han hecho otros líderes de otros países, como Donald Trump (Estados Unidos), Boris Johnson (Reino Unido), Evo Morales (Bolivia) o Javier Milei (Argentina).

Habitualmente se concede una gran importancia a la idea de que los ciudadanos vivimos en las zonas de confort ideológico que nos proporcionan esas burbujas y esas cámaras de eco. El concepto de «disonancia cognitiva», establecido por el psicólogo Leon Festinger y su equipo en los años 50 y 60 del siglo XX, suele aducirse como justificación para esta resistencia a la discrepancia: los seres humanos necesitamos percibir coherencia entre nuestras creencias, nuestras actitudes y nuestras conductas, y por ello preferimos desarrollar nuestra vida social en entornos que son igualmente compatibles con esas creencias, actitudes y conductas.

Por supuesto, nos gusta encontrar conformidades y ratificación de nuestros puntos de vista, somos seres sociales y soportamos mal la disonancia cognitiva, pero si no tuviéramos algún tipo de exposición a la discrepancia y la contrariedad todos estaríamos muy a gusto ignorando cualquier cosa que saliera de esa zona de confort y no cabría hablar de sociedades polarizadas. Existe otro argumento que nos lleva a relativizar el peso de esas supuestas barreras cognitivas y es que los propios medios de comunicación hacen exhibición constante de la discrepancia y tienden a privilegiar un enfoque conflictivo de las noticias o las tertulias mediáticas. Por lo tanto, aunque en el uso de las redes sociales y en el consumo de noticias nos dejemos llevar por nuestro paralelismo político y nuestras preferencias, del mismo modo que sintonizamos emisoras o leemos diarios con los que nos identificamos, lo cierto es que las voces extremas son las que más difusión ecoica encuentran en los medios de comunicación y, sobre todo, en los pseudomedios y en los algoritmos de redes sociales.

Aunque durante cierto tiempo se ha asumido que la información digital funcionaba en burbujas y cámaras de eco, su influencia es menor de lo que se creía.

4.3.2. Los canales de difusión

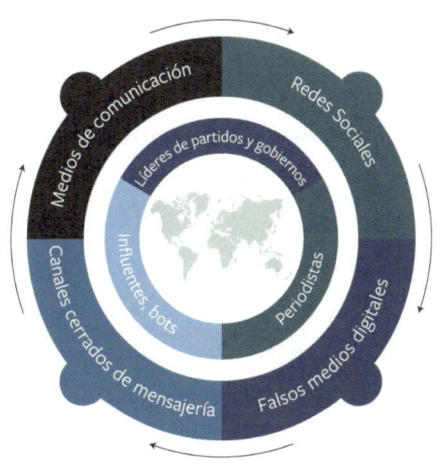

Fig. 21. *Los canales fundamentales de difusión de la desinformación.*

El gráfico de la Fig. 21 recoge de forma esquemática los principales canales de difusión que encuentran los mensajes desinformativos originados por fuentes institucionales, fuentes periodísticas o perfiles relevantes de Internet. De forma general se pueden diferenciar dos canales de naturaleza institucional (los medios y pseudomedios) y dos de naturaleza ciudadana (las plataformas de redes sociales y las aplicaciones de mensajería instantánea).

1. **Los medios de comunicación** incluyen las tecnologías clásicas de los medios informativos, es decir, radios, periódicos y televisiones, así como las agencias de noticias; los integrantes del «cuarto poder», efectivamente, participan en la generación de desinformación. En su práctica totalidad, estos medios disponen de páginas web propias y de perfiles en las redes sociales, así que todos caben dentro del mundo digital. El peso de la televisión para la difusión de falsedades y para el establecimiento de agenda (es decir,

para fijar los temas de la discusión pública) sigue siendo enorme, especialmente a partir de los magazines y las tertulias de opinión que rellenan las horas de infoentretenimiento.

De manera general se pueden señalar dos mecanismos básicos de difusión de la desinformación por parte de los medios tradicionales de comunicación de masas:

— El predominio del «periodismo de declaraciones» hace que una parte considerable de los titulares de prensa tengan la estructura «X dice Y», sin que la voz periodística intervenga para matizar o comentar tales afirmaciones; el simple acto de habla, incluso si consiste en una falsedad, se convierte en presunta noticia. La difusión automatizada de estos titulares en redes sociales puede acompañarse del vídeo con el canutazo correspondiente, pero sin más contexto. De este modo, los medios abandonan la función de control que les otorga el sistema democrático y se convierten en simples altavoces de los representantes políticos o institucionales. *«Abascal acusa al Congreso de "promocionar la inmigración ilegal" por apoyar la iniciativa popular para regularizar a cientos de miles de migrantes»* (eldiario.es, 10/04/2024); *«Feijóo pide el voto a los «estafados» por Pedro Sánchez para decir "no al Gobierno del bulo"»* (*El Mundo*, 25/05/2024).

— La preferencia por el «encuadre del conflicto» en la cobertura informativa los lleva a presentar opciones extremas en todo tipo de contenidos; el argumento que normalmente sirve de justificación (o coartada) para amplificar los contenidos falsos y desinformadores normalmente esgrimidos por las opciones extremistas es el de pluralidad informativa. Con este argumento, los medios fomentan la desinformación y crean falsas equivalencias entre saberes y opiniones. Lo vemos constantemente cuando, por ejemplo, personajes de la prensa rosa pontifican en las tertulias de los magazines televisivos sobre la actualidad geopolítica, o se retransmiten debates (frecuentemente guionizados, es decir, no espontáneos) sobre hechos no opinables. Se llega así a una verdadera «tertualización» de la realidad informativa.

2. **Los pseudomedios, panfletos** o **tabloides digitales** se han convertido en un actor esencial del ecosistema de la desinformación. Puesto que crear una pági-

na web con formato de periódico está al alcance de cualquier usuario de internet, no es de extrañar la proliferación de este tipo de publicaciones digitales en los últimos años. Es posible establecer cierta distinción, algo difusa, entre las que mezclan la información y la desinformación en diferente proporción (con frecuencia se trata de publicaciones dirigidas por exdirectores de verdaderos medios de comunicación), y las que son sencillamente órganos de propaganda de partidos políticos o asociaciones y grupúsculos ideológicos. En todas estas publicaciones resulta completamente evidente su paralelismo político, pues el alineamiento no es solo ideológico, sino claramente partidista. Otros factores definitorios son la falta de transparencia respecto a su financiación (frecuentemente vinculada a esa partida presupuestaria que todos los gobiernos de todo signo llaman «promoción institucional», y en la que es fácil incluir la simple propaganda), y la falsedad respecto a las cifras de su difusión web, es decir, respecto al número de visitas que reciben.

Por lo que se refiere a la función concreta de los panfletos en el sistema de la desinformación, diríamos que proporcionan la carnaza para que luego otros actores de la esfera pública puedan articular reacción a sus mensajes. La desinformación funciona en estos casos como pre-texto a propósito del cual ciertos líderes o grupos extienden sus opiniones difamatorias o desafiantes. El esquema narrativo triangular que hemos descrito al hablar de las retóricas populistas (víctimas-culpables-líder salvador) es siempre el formato subyacente.

Podemos describir el funcionamiento de este tipo de circuitos desinformativos a partir de un ejemplo reflejado por Manuel Viejo en un artículo de *El País* (02/05/2024):

I. En primer lugar, un pseudomedio publica en su web o en una red social un bulo. Por ejemplo, el 29 de abril de 2024, tras la crisis de mayo de 2024, en la que el presidente del gobierno español había anunciado que se planteaba su posible dimisión, un perfil de Twitter/X llamado «El Puntual 24 horas» (@Puntual24H) difunde el siguiente mensaje: *«URGENTE. Pedro Sánchez coge el Falcon para irse de vacaciones a Doñana (Huelva) tras ANUNCIAR que sigue en La Moncloa»;* el mensaje es ilustrado con una foto del presidente dirigiéndose hacia un avión. Durante toda la presidencia de Sánchez, el uso del avión gubernamental (un Falcon 900) ha sido uno de los temas obsesivos de ataque por parte de la oposición, por lo que la alusión funciona como activador de ataques previos, es decir, como «silbato para perros».

II. El mensaje es republicado los usuarios y seguidores de la red social (el perfil superaba en septiembre los 90.000 seguidores, pero fue borrado ese mismo mes). El periodista que comenta el hecho tan solo tres días después de la publicación escribe: «El mensaje ha sido visto por, al menos, 2,7 millones de personas. Ha generado más de mil comentarios. Ha sido compartido por 4.000 usuarios. Y otros 6.000 han dicho que les gusta. Hasta las búsquedas en

Google con las palabras "Sánchez" y "Doñana" se han multiplicado en las últimas 48 horas».

III. En un tercer paso, un representante político da credibilidad al bulo y legitima al tabloide como voz informativa, es decir, como medio de comunicación. En este caso, el alcalde la ciudad de Madrid, el popular José Luis Martínez Almeida, confirmaba el bulo mediante unas declaraciones en las que afirmaba lo siguiente: «*Lo que ha hecho Sánchez estos días ha sido reírse de todos ustedes y de todos los españoles, a los que les ha dicho, "pringaos, que yo me voy este fin de semana a Doñana"*».

IV. Existe todavía una posibilidad más que no podemos dejar de mencionar, y es la que acontece cuando esos textos falsos publicados en un panfleto digital son utilizados como justificación suficiente de procesos judiciales. Lamentablemente, las demandas judiciales y el llamado *lawfare*, que instrumentaliza los procesos judiciales con intención política, se han convertido una herramienta más de la desinformación que inunda la esfera pública.

3. **Las redes sociales** juegan un papel fundamental en la difusión de los mensajes desinformativos. En esto ha sido decisivo el rol colaborativo y complaciente de los propios medios de comunicación en los primeros años de existencia de Facebook y Twitter, pues las empresas periodísticas optaron por facilitar el papel difusor de las empresas de redes. Se consideró que lo más importante era aumentar el tráfico web que les proporcionaba el hecho de que un usuario de Facebook o Twitter

enlazara a una de sus noticias, sin prestar atención al hecho simultáneo de que estaban proporcionando a las empresas de redes el contenido que les permitía acceder a las grandes inversiones de publicidad; a costa, precisamente, de su inversión tradicional en medios de comunicación. En los primeros años de redes sociales, los periódicos realizaron significativos ajustes para facilitar la viralización de sus noticias.

4. Por último, l**os canales cerrados de las apps de mensajería instantánea** (WhatsApp, Telegram) son, como hemos apuntado, la representación más clara de la noción de burbuja de filtrado que propuso Eli Pariser a propósito de las redes sociales.

En las democracias resulta esencial diferenciar los verdaderos medios de comunicación de los tabloides o panfletos digitales, cuyo fin no es informar.

Estas cuatro instancias comunicativas participan de manera esencial en la difusión de los mensajes desinformativos, y funcionan como lo que William Dutton llamó «quinto poder». Aunque el concepto se usaba desde los primeros años 2000 para referirse al poder creciente de los expertos en relaciones públicas y dircoms para condicionar la agenda de los medios, Dutton lo utiliza para referirse concretamente al impacto de la difusión de contenidos por Internet, subrayando que supone un paso más respecto al poder clásico de la prensa (el «cuarto poder»). Recordemos que la película dirigida por Bill Condon sobre WikiLeaks se llamaba, precisamente, *The Fifth Estate*.

> *En la diseminación de los mensajes desinformativos son tan importantes los sujetos emisores como los canales de difusión, entre los que destacan cuatro: los medios de comunicación, las redes sociales, los panfletos digitales y los circuitos cerrados de mensajería instantánea.*

4.3.3. *Condiciones de la viralización desinformativa*

La difusión de los mensajes desinformativos en Internet a través de estos cuatro grandes canales de difusión presenta, además, cuatro rasgos importantes:

1. Su **jerarquización arbitraria:** dada la multiplicidad de circuitos simultáneos que cada ciudadano recibe en la pantalla de su ordenador o su teléfono, no existe un criterio claro que nos permita prever qué mensajes tendrán más éxito en la jerarquización de contenidos que promueve Internet; la arbitrariedad y el azar presiden esa jerarquización, si bien existen rasgos formales y semánticos que pueden utilizarse (y se utilizan) para «estimular la sensibilidad» de los algoritmos de posicionamiento de los mensajes.

2. El **fomento de la desinhibición** en los usuarios: la comunicación mediada por la pantalla digital fomenta la comunicación desinhibida de las personas; esta desinhibición puede ser benigna (los usuarios muestran empatía, compasión, actos de generosidad) o tóxica (discurso del odio, amenazas, violencia verbal).

3. Las **restricciones formales y temáticas** en sus contenidos: la viralización de mensajes privilegia las publicaciones breves y los contenidos sensacionalistas, especialmente de expresividad negativa.

4. La **reduplicación mimética:** tal y como describe Marta Peirano en su artículo *Anatomía de un meme racista* (2014), las campañas de odio funcionan como memes, es decir, unidades de sentido que se replican de forma exponencial y tienen impacto internacional. La estrategia dis-

cursiva más utilizada en estas campañas de odio internacionalizadas es el ya mencionado discurso a la contra y desinhibido, que se difunde con la complicidad de líderes de opinión y plataformas de redes.

4.4. LOS AGENTES DE LA DESINFORMACIÓN

Todo proceso comunicativo se realiza vinculando un mensaje, una fuente y un receptor. El antropólogo Gregory Bateson señalaba en un famoso axioma que «lo imposible es no comunicar»; sin embargo, cuando el mensaje es intencionado y tiene un contenido medible en categorías discretas, identificables, ya no hablamos solo de comunicación, sino de información.

4.4.1. *Los emisores de intención desinformativa*

En el fenómeno de la desinformación el emisor se caracteriza por una posición psicológica muy concreta: la intención dañina. El emisor de desinformación no aspira a transmitir mensajes verdaderos, sino medias verdades, tergiversaciones, o directamente falsedades, con una intención manipuladora y malintencionada. Pretende hacer trampa, desafiando la presunción de sinceridad que suele operar en los intercambios de información; y sabe que su mensaje es falso, por lo que no tiene sentido intentar desmentirlo una y otra vez para aclararle su error.

Este emisor de bulos o libelos puede describirse según diversos criterios, entre los que destacan cinco: su naturaleza personal o institucional, su nivel de organización, su motivación, su nivel de automatización y su intencionalidad final. La Tabla 2 muestra una clasificación de este tipo:

Tipo de emisor	Institucional
	No institucional

Grado de organización	Nulo (ciudadano anónimo)
	Flojo (grupos de coincidencia)
	Ajustado (grupos improvisados)
	En red (grupos de presión organizados)
Motivación	Económica (el beneficio es económico, por ejemplo, gracias a la publicidad de los clics).
	Política (se buscar desacreditar a candidatos y partidos contrarios; se alimenta la polarización extremista).
	Social (se persigue conectar con un grupo social).
	Psicológica (se busca prestigio y apoyo a una persona, un colectivo o una causa).
Nivel de automatización	Humano
	Bot (cuentas que publican más de 50 mensajes diarios)
	Ciborg (cuentas gestionadas por seres humanos y software).
Intención básica	Herir, dañar, perjudicar
	Engañar, falsear.

Tabla 3. *Las características básicas de los emisores de la desinformación.*

Otro rasgo importante del emisor desinformativo es su considerable nivel de actividad; los estudios sobre redes sociales muestran que los perfiles tóxicos son un mínimo porcentaje, pero cuya productividad, sin embargo, supera en gran medida la actividad media de los usuarios; a este mayor nivel de actividad emisora se suma la colaboración del resto de usuarios y de los algoritmos en su difusión. Algunos estudios sobre el uso de X/Twitter indican que, aunque solo el 5% de usuarios exhiben pensamiento conspiranoico, sus mensajes suponen el 64% de los comentarios de tal naturaleza. Estos emisores hiperactivos suelen calificarse con un término procedente de la epidemiología: son los «super-dispersadores». En el documento titulado *The Disinformation Dozen* (2021), la ONG británica *Center for Countering Digital Hate* (CCDH) señalaba que tan solo doce perfiles de Facebook y Twitter eran responsables de casi dos tercios del contenido antivacunas que circuló en las redes sociales entre febrero y marzo de 2021 en plena pandemia.

Respecto a los objetivos básicos que motivan a un emisor de desinformación, podemos destacar dos fundamentales: la injerencia geopolítica y la rentabilidad económica de las visitas web a los sitios desinformadores.

La desinformación como mecanismo de injerencia

En 1897, la cobertura sensacionalista del hundimiento del acorazado Maine por parte de dos periódicos estadounidenses (tanto el *New York Journal* de Hearst como el *New York World* de Pulitzer) terminó desencadenando la guerra hispano-estadounidense de 1898. Muchos años más tarde, el falso argumento de que Irak volvía a disponer de armas de destrucción masiva sirvió para que George Bush, Tony Blair y José María Aznar justificaran en 2003 la segunda guerra del Golfo. En 2022, Rusia adujo «actividades militares biológicas de Estados Unidos en Ucrania» para argumentar la invasión, una idea que no fue creada *ad hoc*, sino que recogía una campaña de desinformación previa en cuya difusión el Kremlin había contado con la colaboración de la extrema derecha estadounidense y el grupo conspiracionista QAnon. No es casualidad que la invasión rusa de Crimea (2014) y las elecciones de Estados Unidos (2016) sean los dos hitos principales en la naturalización de la desinformación. Estos ejemplos —hay muchos más— ilustran que no es necesario buscar mucho para comprobar hasta qué punto las mentiras participan en el encadenamiento de los acontecimientos históricos y políticos.

Aunque la muestra de datos utilizados es muy reducida, podemos ejemplificar ese impacto de las redes sociales con el *Primer Informe Anual de Seguridad Nacional 2023*, publicado por el Servicio de Acción Exterior del Departamento de Seguridad Nacional (DSN).

Fuente: Primer Informe elaborado por el SEAE sobre interferencia y manipulación extranjera de la información (FIMI)

Fig. 22. *Los 48 objetivos principales de las campañas de desinformación publicadas en perfiles en español de redes sociales, 01/10 a 05/12/2022. Fuente: Departamento de Seguridad Nacional.*

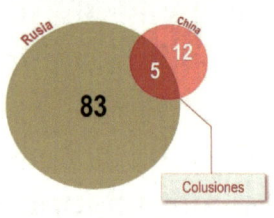

Fuente: Primer Informe elaborado por el SEAE sobre interferencia y manipulación extranjera de la información (FIMI)

Fig. 23. *Número de "incidentes desinformativos" de Rusia y China en redes sociales con campañas en español, 01/10 a 05/12/2022. Fuente: Departamento de Seguridad Nacional.*

Este informe recogía en el gráfico de la Fig. 22 cuáles eran los objetivos principales de las campañas de desinformación difundidas en redes sociales en español entre el 1 de octubre y el 5 de diciembre de 2022. Respecto a la procedencia de estos mensajes desinformativos, el mismo informe mostraba un amplio despliegue de campañas de desinformación prorrusas en español, procedentes de Rusia y, en menor medida, de China (Fig. 23). Irán y Venezuela son otros dos países de acreditada actividad en este mismo sentido, y en 2024 ha cogido fuerza la maquinaria de bots procedentes de India (Fig. 24).

En estos procesos de injerencia geopolítica, la propaganda rusa interfiere a través de múltiples foros, incluso si su temática es aparentemente alejada de los grandes temas políticos. Por ejemplo, haciendo uso de la pseudoepigrafía digital, los bots programados de desinformación pueden llegar a difundir en una noche más de 120.000 mensajes de falsas citas atribuidas a personalidades occidentales del mundo del cine, el deporte o la música. La periodista experta en tecnología Carmela Ríos ha descrito cómo el mismo mecanismo es utilizado reiteradamente por los defensores de Trump (los «*MAGA influencers*») en la red social X, en la que se difunden imágenes alteradas con eslóganes y falsos testimonios a favor del líder republicano.

Fig. 24. *A la izquierda un tuit del ministro español de Obras Públicas, Óscar Puente, informando sobre la catástrofe de la DANA de 2024 en Valencia, con la respuesta embustera de un perfil supuestamente valenciano. A la derecha, el perfil en cuestión.*

La desinformación como industria

La avalancha de falsedades virales que inundó la campaña electoral estadounidense de 2016, y que convirtió el concepto de *fake news* en algo habitual, procedía fundamentalmente de un grupo de jóvenes con limitada fluidez en inglés, residentes en la ciudad de Veles, en Macedonia del Norte. El grupo lo coordinaba un experto en redes sociales autodidacta, Mirko Ceselkoski, y su motivación era muy distinta a la de quienes pretenden interferir en las dinámicas geopolíticas. Por el contrario, sus mensajes y páginas de Facebook demonizando a la candidata demócrata Hillary Clinton y elogiando al republicano Donald Trump, perseguían fundamentalmente la monetización de las visitas web, rentabilizando económicamente la publicación de falsedades y contenidos sensacionalistas. Estos activistas de la mentira aprenden cómo rentabilizar perfiles de redes sociales, y aunque algunos se dedican a crear páginas desinformativas sobre salud o celebridades, asumen en general que las páginas políticas generan más tráfico web y, por tanto, son más rentables.

El ejemplo de los jóvenes activistas macedonios ilustra cómo la monetización del discurso digital puede ser el motivo principal en la actividad desinformadora. Además, esta mercantilización puede tener un recorrido doble: por un lado, se convierte en negocio la difusión de bulos y falsedades y, por otro, se ponen en marcha empresas de verificación que a su vez obtienen rentabilidad económica de las falsedades.

4.4.2. *Los destinatarios idóneos de la desinformación*

¿Qué ocurre con el receptor de la desinformación, cuál es su caracterización? El círculo interno de la Fig. 16 nos muestra que si el emisor prototípico de la desinformación es un sujeto malintencionado que construye mensajes falsos conscientemente para alterar el clima democrático, su destinatario igualmente prototípico es un ciudadano o ciudadana crédulos, incapaces de percibir el alcance de las falsedades a las que se ve expuesto y aplicar una recepción crítica, y dispuesto a otorgar verosimilitud a cualquier cosa que diga su líder.

Es importante ser conscientes de que todos somos candidatos a la desinformación, tanto por nuestra ignorancia como por nuestros propios prejuicios. Pero existe, además, un factor sociocultural añadido que nos puede aproximar al tipo de ciudadano que reflejaban Stephen Tesich al caracterizar la posverdad y Umberto Eco al describir al votante de Berlusconi pegado al televisor. Este factor sociocultural es, básicamente, la desconfianza en las instituciones y, en general, la desafección ciudadana tanto hacia la política como hacia los medios de comunicación. El filósofo Daniel Innerarity ha insistido en varios trabajos en la importancia de ese clima generalizado de desconfianza (*Una teoría de la democracia compleja*, 2020), y lo ha vinculado a la ausencia de modelos explicativos capaces de describir satisfactoriamente la complejidad de las sociedades modernas. La situación se completa porque los modelos educativos neoliberales, generalizados en las democracias occidentales desde finales de los años 80, han sido incapaces de proveer a ese receptor crédulo de las herramientas que exigiría una ciudadanía crítica y responsable, es decir, de una verdadera educación para la ciudadanía.

Según muestran algunos estudios recientes, este ciudadano crédulo, incapaz de cuestionar los mensajes falsos, se siente amenazado por algunos conciudadanos a los que percibe como extraños y ajenos, y respecto a los cuales se cree superior o con más derechos; de ahí que se identifique con los discursos populistas que lo victimizan. La socióloga Arlie Russel Hochschild reflejaba perfectamente esta situación en su libro *Extraños en su propia tierra* (2018), cuyo título se refería a los partidarios del Tea Party estadounidense. Su refugio ante esa extrañeza amenazante es el grupo, la comunidad de iguales entre los cuales se siente arropado y con los cuales comparte creencias. La credulidad en el mensaje populista desinformativo se refuerza así con un componente de fe y, por tanto, de irracionalidad. De ahí que se compare esta posición ciudadana militante con las sectas.

La ecuación comunicativa de la desinformación la integran dos funtores prototípicos: un emisor malintencionado y un receptor crédulo. Esta credulidad puede tener una base psicosocial, pero también educativo-formativa.

5. Impacto de la desinformación en la implicación cívica y en la vida democrática

El Parlamento Europeo publicó en abril de 2024 un breve informe titulado *Injerencia extranjera: cómo lucha el Parlamento contra la amenaza a la democracia de la UE*, en el que se pone de manifiesto la importancia de la desinformación en el nivel global de la vida política y de las democracias europeas: «Con el rápido desarrollo de las redes sociales y el aumento de las tensiones geopolíticas, existen más riesgos de que agentes extranjeros intenten perturbar las elecciones y los procesos democráticos en toda la UE». El

informe subraya que el objetivo de estas manipulaciones es el engaño a la ciudadanía, «y crear
confusión para que la verdad ya no pueda dis-
tinguirse de la mentira». Esta desinformación
geopolítica incorpora inevitablemente una dimensión social y cognitiva que se plasma en los
estándares éticos de las sociedades.

El contexto de confusión entre verdades
y mentiras al que alude el informe, y que ya
fue detectado por Hanna Arendt en sus estudios sobre el totalitarismo, resulta esencial.
Este es, probablemente, el mayor logro de la
desinformación, y está íntimamente asociado
a la ya mencionada desconfianza general de la
ciudadanía respecto a los actores sociales que
protagonizan la vida política: una doble desconfianza hacia los políticos y hacia los medios
de comunicación. Además, resulta importante
señalar que esta confusión no es unidireccional
ni se ciñe a cada acto desinformativo: no solo
se proponen falsedades como verdades, sino

que se cuestiona la veracidad general de las informaciones recibidas.

Sin duda, una de las consecuencias de la desinformación es la desafección ciudadana respecto a la política y la activación de cierto estado de suspicacia constante, que resulta casi contagiosa. Los investigadores Robert Chesney y Danielle Citron proponen un concepto relacionado con esta inestabilidad de la credulidad: el «dividendo del mentiroso». Con esta idea se refieren a que los protagonistas de hechos censurables o delictivos pueden rebatir las posibles acusaciones señalando que se trata de pruebas construidas mediante inteligencias artificiales: la duda constante les beneficia. Cualquier sujeto político (representante, institución, partido) puede poner en cuestión las pruebas con las que se le acusa de algo y decir que son pruebas fabricadas con Inteligencia Artificial; por ejemplo, en su reacción a la campaña de Kamala Harris, Donald Trump afirmó que las imágenes de sus mítines eran creaciones de inteligencia artificial.

5.1. NIVELES COGNITIVOS DE LA DESINFORMACIÓN

Para explicar este enorme impacto de las desinformaciones en la vida democrática es conveniente introducir una distinción entre niveles informativos, porque la categoría informativa que en todo este trabajo estamos llamando «desinformación» incluye embustes que se refieren a dos niveles cognitivos:

— **Nivel micro:** son desinformaciones que nos afectan de forma puntual: cierto alimento milagroso, las estelas de condensación de los aviones como herramientas de control mental de la población, el terraplanismo o la creencia de que los pájaros no existen y son drones gubernamentales son el tipo de bulos que ejemplifican este nivel micro. Su gravedad

—y su excentricidad— puede ser alta (por ejemplo, para quienes creyeron que la ingesta de lejía curaba la infección de COVID19), pero son desinformaciones dirigidas contra aspectos concretos de la realidad, que muchas veces se apoyan en la ignorancia y la credulidad. Los encontramos en titulares como *«Beber cerveza es mejor que el agua para la salud, según un estudio»* (*La Razón*, 13/08/2024).

— **Nivel macro:** está formado por falsedades que configuran un entramado sistémico, compacto, que pretende modificar los estándares morales y cívicos de las sociedades en que se difunden. El jurista Javier de Lucas utiliza el concepto de «fobotipo» para referirse al modo en que cierto discurso jurídico incorpora este tipo de prejuicios como realidades estables y cerradas. Tales fobotipos impregnan, de hecho, los discursos de la macrodesinformación, cuyos mensajes fomentan estereotipos negativos sobre los emigrantes, promueven la misoginia, atacan las orientaciones no heterosexuales, exhiben con jactancia su antiintelectualismo, o defienden la desaparición del Estado del bienestar y la privatización de los servicios públicos. Estas construcciones discursivas tienen una intencionalidad ideológica muy concreta, con alcance internacional, que pretende derribar los consensos en los que se apoyan las sociedades democráticas y el eje que trazan en ellas los derechos humanos, es decir, lo que a veces se llama «el orden mundial» forjado en Occidente desde el final de la II Guerra Mundial. Estas desinformaciones asumen un planteamiento maniqueísta que divide la sociedad en buenos y malos, y radicalizan la escuadra ideológica «nosotros/ellos» que caracteriza los discursos políticos.

Las desinformaciones de ambos niveles operan del mismo modo, con un sustrato narrativo que responde a las retóricas populistas: se dibuja una situación en la que el pueblo es víctima, se señala a un culpable y se propone un salvador. Para preservar este triángulo no importa forzar la verosimilitud al máximo o, directamente, expulsarla de los discursos. Así, se difunden teorías de naturaleza conspirativa que han pasado ya al acervo general, como que el Foro Económico Mundial pretende controlar la población con el «reinicio» posterior a la COVID19; que ciertas élites tienen un plan oculto de «gran reemplazo» para sustituir a la población blanca europea cristiana por musulmanes norteafricanos y subsaharianos; o que las élites del partido demócrata estadounidense forman parte de un grupo satánico y pedófilo.

Entre estas teorías conspirativas, el constructo narrativo sobre el fraude electoral cuando no ganan las elecciones es, sin duda, otro de los tópicos conspirativos que vincula a los partidos de derecha, extrema derecha y derecha radical de los últimos años. La actitud de Donald Trump tras perder las elecciones de 2020 y no lograr la reelección se consideró un estímulo para el asalto al Capitolio que protagonizaron sus seguidores el 6 de enero de 2021, pues Trump había terminado un mitin frente a la Casa Blanca animando a los asistentes a «caminar por la avenida Pensilvania hacia el Capitolio». Jair Bolsonaro imitó esta actitud alentando el bulo de fraude en las elecciones presidenciales brasileñas de 2022 que devolvieron la presidencia a Lula da Silva. Igualmente, en México, el equipo de Xóchitl Gálvez alegó irregularidades en los comicios que la hicieron perder por 32 puntos frente a Claudia Sheinbaum, del Movimiento de Regeneración Nacional. La lista es larga.

El triunfo de las construcciones discursivas compactas que trasladan este tipo de mensajes macrodesinformativos es, hoy por hoy, indiscutible. Ya hemos mencionado hitos importantes de la historia política reciente. Pero además, esta desinformación no solo condiciona hechos puntuales, sino que se infiltra de manera transversal en la opinión pública de la sociedad y en sus valores compartidos. El equívoco anglicismo «guerra cultural», acuñado en 1991 por el sociólogo James Davidson Hunter en su libro *Culture Wars: The Struggle To Define America,* da cuenta de esta defensa de valores que — es importante tenerlo en cuenta— no son estrictamente «culturales», sino morales e ideológicos. Por ejemplo, un estudio de Odra Quesada, David Martínez de Lafuente y Sara de la Rica, titulado *¿De dónde proviene el sentimiento antiinmigración en España?* (2024) y basado en alrededor de 3200 encuestas a personas nacidas en España, mostraba entre sus principales conclusiones hallazgos como los siguientes:

— Los encuestados pensaban que la población inmigrante supone el 27,8 % de la población total (dato real: un 16 %).

— Creían que la población inmigrante que recibe una asistencia social es del 50%, en lugar del 11% real.

— También creían que el porcentaje de paro entre la población migrante es del 40%, cuando la cifra real es el 16%.

— Un 45 % de los nacidos en España pensaba que la inmigración precariza el empleo de la población nativa.

— El 61 % de la población nacida en España consideraba que la llegada de inmigración aumenta el gasto público; los encuestados con ideología conservadora incrementaban esta opinión hasta un 81 %.

— En 33 % de los encuestados consideraba que la inmigración daña tradiciones y cultura, pero solo un 13% indicaba percibir efectos negativos en la religión.

Es importante diferenciar dos niveles cognitivos en el impacto de las desinformaciones. Con independencia de su gravedad, las tergiversaciones, los bulos y los libelos pueden desplegarse en un nivel micro, que limita su efecto a la esfera temática de la desinformación, y un nivel macro, que impacta en la concepción global de la sociedad y los consensos de convivencia edificados en torno a los Derechos Humanos.

6. Los intentos de frenar la desinformación

El nivel macro de la desinformación construye una amenaza para los valores normalmente asumidos por las democracias occidentales y referidos a cuestiones como la separación de poderes, el estado de Derecho, la libertad de expresión, el libre mercado, la igualdad efectiva entre hombres y mujeres, los derechos de las minorías y, en suma, la misma defensa de la democracia. En el ya mencionado informe sobre percepción de riesgos globales del Foro Económico Mundial de 2024, la desinformación se asociaba directamente a la alteración de los procesos electorales, el aumento de la polarización social y la desconfianza en los medios y en los gobiernos, y a un retroceso en los derechos de las y los ciudadanos. De ahí la necesidad de encontrar herramientas y mecanismos que disminuyan su impacto.

6.1. REACCIONES CONTRA LA DESINFORMACIÓN EN EL ÁMBITO JURÍDICO E INSTITUCIONAL

Antes de plantear las posibles alternativas para combatir la desinformación, las democracias liberales contemporáneas se plantean un interrogante sobre su legitimidad y su colisión con la libertad de expresión. El argumento que concilia las dos ideas (libertad de expresión y lucha contra la desinformación) se basa en la intencionalidad perjudicial de quien desinforma, pues estos emisores no están expresando propiamente ninguna opinión, sino implantando ideas en la esfera pública para conseguir sus fines mediante engaños. La libertad de expresión es un bien irrenunciable de cualquier democracia que debe compatibilizarse con la libertad de prensa y el derecho a la información veraz de la ciudadanía; no siempre es fácil.

El incremento de la desinformación y del discurso del odio en Internet ha llevado a los gobiernos europeos a aumentar las presiones para que los intermediarios tecnológicos —las empresas propietarias de las plataformas de difusión— asuman su parte de responsabilidad. Junto a ciertas iniciativas nacionales, por ejemplo en Francia y Alemania, la UE ha desarrollado iniciativas como las siguientes:

— El *Código de Buenas Prácticas contra la desinformación de la Unión Europea*, de 2018 (actualizado en 2022) fue el primer intento de que las empresas tecnológicas asumieran un código de autorregulación en el que se incluyen 21 compromisos referidos a aspectos como la transparencia en la propaganda política, los límites a la rentabilidad económica de la desinformación o la cooperación con las empresas de verificación. Facebook, Google, Twitter y Mozilla firmaron el protocolo en 2108, mientras Microsoft y TikTok se sumaron, respectivamente, en 2019 y 2020. La versión revisada de 2022 fue firmada por 44 empresas tecnológicas.

— El Reglamento (UE) 2022/2065 del Parlamento Europeo y del Consejo de 19 de octubre de 2022, relativo a un mercado único de servicios digitales y por el que se modifica la Directiva 2000/31/CE (*Reglamento de Servicios Digitales*). Desde agosto de 2023 las normas de la *Ley de Servicios Digitales de la Unión Europea* se aplican a todas las plataformas con más de 45 millones de usuarios en la Unión, y desde febrero de 2024 su aplicación se generaliza a todas las plataformas con usuarios europeos, con independencia de si las empresas intermediarias están o no establecidas en la UE.

Algunas de las medidas contenidas en estas iniciativas reclaman a las empresas de redes sociales responsabilidad en el control de contenidos. Esto no es algo que las empresas no hicieran desde su creación; la intervención censora de, por ejemplo, Facebook o Twitter, está documentada desde sus inicios, y los propios algoritmos de jerarquización de publicaciones pueden ser interpretados en clave de control de la agenda informativa. Lo que les piden estas iniciativas gubernamentales es que dicho control tenga en cuenta específicamente la circulación de bulos, falsedades y tergiversaciones. Pero la experiencia confirma que los intentos de las empresas de redes sociales por el control de las informaciones falsas no han dado los resultados esperados por los responsables europeos. Bien al contrario, los partidos políticos de corte populista consiguen a diario distribuir contenidos no verificados e incitaciones al odio con la connivencia de las empresas redes sociales. Los millonarios dueños de estas empresas estadounidenses, en particular Elon Musk (Twitter/X) y Mark Zuckerberg (Meta: Facebook, Instagram, WhatsApp), hacen exhibición de su poder de injerencia con absoluta tranquilidad y eluden cualquier responsabilidad alegando el falso argumento de que sus plataformas son «solo» herramientas de ocio y comunicación, sin capacidad de intervención política. No obstante, un punto de inflexión en este aspecto lo constituye la detención en Francia, en agosto de 2024, del ucranio-estadounidense Pavel Durov, el CEO de Telegram, bajo la acusación de no cooperar con las fuerzas de seguridad francesas e incumplir las obligaciones de moderación de contenidos; esta falta de colaboración supondría la complicidad de Durov en delitos cometidos en su red social: tráfico de drogas, terrorismo, blanqueo de dinero, abuso infantil, y otros como la colaboración desinformativa con los gobiernos de ciertos países (Rusia, Emiratos Árabes). Casi a la vez, un juez del Tribunal Supremo de Brasil ordenó el cierre de la red X, como respuesta a la negativa de su propietario, Elon Musk, de eliminar perfiles vinculados a la defensa del expresidente Jair Bolsonaro, no solo desinformativos, sino incitadores de delitos. En ambos casos, las empresas acabaron cediendo a las peticiones judiciales.

Según aumenta la gravedad de los efectos de las campañas digitales de odio (como las que alentaron los disturbios racistas en Irlanda y en Reino Unido en el verano de 2024, ambas con acusaciones falsas a inmigrantes) se generalizan las propuestas de penalización de estas conductas, por ejemplo prohibiendo los perfiles anónimos (como antes se prohibió la compra anónima de teléfonos móviles), o imponiendo restricciones comunicativas a las personas que difundan bulos y libelos. No obstante, antes de intentar

abordar la prohibición del derecho al anonimato, conviene recordar que la identidad de gran
parte de los líderes políticos y líderes de opinión
que difunden mensajes de odio es bien conocida. El mismo verano de 2024, la noticia de que
la fiscalía española «estudiaba» los mensajes que
culpaban falsamente a un inmigrante marroquí
del asesinato de un niño en un pueblo de Teruel
provocó el cierre en cascada de varios perfiles
agitadores y el borrado de muchos de los mensajes de odio. Sin embargo, nada impide que estas
mismas personas abran inmediatamente nuevas
cuentas con los mismos fines, o se trasladen a
otras redes sociales. El jurista Víctor J. Vázquez
ha señalado (*¿Qué hacer frente al discurso abyec-
to?*, 2024) que prohibir el anonimato no es una
opción asumible en términos de derecho constitucional pero que, no obstante, ya existen figuras
penales que sí son aplicables al discurso del odio.

Aunque las iniciativas que señalamos apuntan básicamente a la difusión del discurso de

odio en las plataformas tecnológicas digitales, lo cierto es que, más allá de los procesos judiciales (como la sentencia que obligó al dueño del portal ultraderechista *Infowars*, Alex Jones, a pagar una indemnización de 1.400 millones de dólares por sus bulos sobre la masacre escolar de Sandy Hook en 2012) la intervención de los Estados para proteger a la sociedad de los discursos dañinos puede dirigirse al estadio previo de esa difusión, es decir, a sus creadores/generadores. Y es imprescindible tener en cuenta el papel que juegan en todo el proceso las cadenas de radio y televisión privadas, cuyas tertulias son focos continuos de desinformación y manipulación, sin olvidar que en España (Ley General de la Comunicación Audiovisual, de 2022) esas cadenas televisivas privadas obtienen sus licencias por concurso público. Queremos ilustrar estas posibilidades de intervención legítima recordando dos casos del modelo francés, uno referido a la cadena televisiva *La Cinq* y otro, más reciente, al digital *France-Soir*.

Este modelo ilustra el modo en que una Agencia estatal pero independiente y con capacidad de sanción, como el *Conseil Superieur de l'Audiovisuel* (CSA) —creado en 1989 y transformado en 2022 en ARCOM, *Autorité de régulation de la communication audiovisuelle et numérique*— puede tener capacidad de intervención argumentada en el ecosistema de medios. Desde que en 1986 se inauguró la cadena *La Cinq* —versión francesa del canal italiano de televisión comercial *Canale 5*, que Silvio Berlusconi intentó exportar a otros países europeos—, el CSA se pronunció sobre varias prácticas que por un lado incumplían las cuotas legales de emisión (más películas de las permitidas, menos películas francesas de las establecidas por la legislación, más publicidad de la permitida, difusión de películas no autorizadas en Francia) pero, por otro, afectaban de lleno a lo que, casi cuarenta años después, llamamos desinformación. En este ámbito, el seguimiento de *La Cinq* por parte de la CSA suponía actividades como la publicación de dictámenes críticos sobre la difusión de determinados programas, las multas a la cadena por emitir programas violentos o erótico/pornográficos fuera de horario, el inicio de investigaciones judiciales por retransmitir cierto tipo de sucesos violentos (palizas perpetradas por grupos extremistas), o los informes críticos con la espectacularización de la política que se promovía en ciertos programas. No hace falta subrayar hasta qué punto el modelo televisivo de Berlusconi influyó en la frivolización de la esfera política predigital, tanto en Italia, donde conjugó su liderazgo político con la gestión de sus empresas mediáticas, como en el resto de países a los que exportó ese tipo de televisión. En 1992, después de un complicado itinerario empresarial y la acumulación de una enorme deuda (3.500 millones de francos), el Consejo Superior del Audiovisual francés revocó la concesión de la licencia de emisión de *La Cinq*, proceso que culminó cuando el Tribunal de Comercio francés confirmó la desaparición de la cadena.

Otro ejemplo reciente, de agosto de 2024, procede igualmente del país galo y se refiere a la decisión de la *Commission Mixte des Publications et des Agences de Presse* (CPPAP), dependiente del Ministerio de Cultura, de retirar a la web *France-Soir* su estatuto de «medio digital» (*service de presse en ligne*), con el argumento de que sus publicaciones pueden suponer un peligro para la salud pública (el sitio web aumentó su notoriedad por las publicaciones conspiranoicas durante la pandemia Covid). La retirada de este reconocimiento, confirmada por el Tribunal Administrativo de Paris, supone la pérdida de ventajas fiscales y ayudas económicas estatales a las que tienen derecho los medios de comunicación.

> *La Unión Europea atribuye a los Estados miembros la obligación de velar, junto a la libertad de expresión, por la pluralidad informativa y la in-*

formación veraz. El modelo francés muestra, desde la época predigital, que esta gestión puede realizarse mediante agencias independientes (es decir, no vinculadas directamente a los gobiernos), siempre que tengan capacidad sancionadora.

Aunque en un texto divulgativo y genérico como este no podemos abordar el enorme problema de la diferenciación entre el discurso de odio (nos guste o no, amparado por la libertad de expresión) y el delito de odio, sí queremos señalar que, como ocurre en casos similares, una intervención ajustada debería apuntar a la prevención de estas situaciones, y no solo a su castigo posterior. Son las políticas educativas las que pueden limitar, por un lado, la proliferación de mensajes de odio y, por otro, la credulidad acrítica de los ciudadanos que los reciben; y son las políticas sociales y económicas las que deben atajar las desigualdades y la frustración ciudadana subyacente a estos fenómenos. Como hemos señalado, la polarización discursiva puede considerarse un síntoma de una polarización socioeconómica previa.

6.2. DESMENTIR LA DESINFORMACIÓN NO ES LO MISMO QUE RESTAURAR LA INFORMACIÓN

Junto a las medidas institucionales, especialmente las de naturaleza jurídica, cabe plantearse si existe algún modo efectivo para combatir la desinformación en el propio terreno discursivo. Cuando miramos cuáles son los recursos habituales para estas actividades que aspiran a restaurar de la verdad vemos que las dos medidas más evidentes son el desmentido y la verificación de bulos. Sin embargo, el análisis lingüístico y discursivo nos ofrece tres certezas que aconsejan evitar estas reacciones:

1. En el nivel de los actos de habla, toda negación activa como presuposición su afirmación correspondiente y la trae al discurso. Podemos condensar esta idea con

una afirmación de Umberto Eco en una de sus columnas periodísticas de 2002: «un desmentido es una noticia divulgada dos veces». Efectivamente, la categoría lingüística de la negación introduce en los textos una línea discursiva complementaria, que actualiza la afirmación correspondiente. Por tanto, cada acto de desmentido colabora en la propagación desinformativa.

2. En el nivel de los esquemas discursivos, la refutación argumentativa exige siempre más energía que la argumentación. Modernamente suele citarse en este sentido la llamada «ley de Brandolini» o «Principio de Asimetría de las Idioteces», propuesto por el informático Alberto Brandolini en 2013. Según este principio, la cantidad de energía (mental, digital y textual) necesaria para refutar

las mentiras es siempre mayor que la necesaria para producirlas.

3. Decir a alguien que está equivocado, que sus creencias son erróneas, puede activar su renuencia psicológica y, por el contrario, reforzar sus posiciones, sobre todo en los contextos de polarización acrítica.

Esto significa que los desmentidos y verificaciones tienen un triple coste, porque suponen colaborar en la difusión de los bulos, porque exigen más energía discursiva (cognitiva) que las correspondientes falsedades y porque pueden llevar a reforzar las creencias «a la contra». Recientes estudios confirman no solo la escasa eficacia de los desmentidos, sino que las medidas anti-desinformación (verificaciones, empresas específicas dedicadas al desmentido) suman un efecto añadido de escepticismo generalizado y la visión cínica hacia los contenidos que circulan en la esfera pública.

¿Qué se puede hacer, entonces, para restaurar un discurso público donde prime la verdad?

En términos de teoría del discurso, la única manera de desbancar el discurso desinformativo es mediante la difusión insistente de discursos afirmativos (*informativos*) que apunten a los mismos temas en los que se despliegan los bulos y libelos, pero sin hacer nunca mención a las falsedades. Esta estrategia discursiva supone, en suma, potenciar la información veraz y autorizada, protegiéndola si es necesario desde los Estados. El problema más evidente para que pueda triunfar es, por supuesto, el reparto enormemente asimétrico de los canales de difusión en el mundo digital. Por cada medio de comunicación que trabaja con criterios deontológicos y profesionales, y cuyos contenidos necesitan financiarse con muros de pago, existe una miríada de panfletos digitales que difunde rumores, tergiversaciones y falsedades en acceso abierto con total impunidad.

La segunda intervención clara pasa por el silencio, es decir, por no prestarse a convertir en opinables las realidades científicas y los hechos. Un buen ejemplo de esta actitud lo constituye la carta enviada a *The Guardian* en agosto de 2018 por 57 científicos y políticos (Fig. 25) que declaraban su negativa a participar en programas de debate sobre el cambio climático, y salían al paso de las posturas que defienden dar voz equilibrada a todas las opiniones: «Si el "equilibrio" significa dar voz a quienes niegan la realidad del cambio climático provocado por el hombre, no participaremos en el debate […] Sí, por supuesto, el consenso científico debe estar abierto a cuestionamientos, pero con mejor ciencia, no con manipulaciones y tonterías. […] Las voces marginales protestarán por la "libertad de expresión". Nadie debería impedirles expresar sus opiniones, ya sean cínicas o erróneas. No obstante, nadie está obligado a proporcionarles una tribuna».

La Fig. 26 ejemplifica, por el contrario, la irresponsabilidad constante de los programas del infoentretenimiento televisivo en la desinformación, dando voz a personas incompetentes en todo tipo de temáticas.

Fig. 25 y Fig. 26. *Frente a la frivolización del infoentretenimiento, las voces autorizadas pueden negarse a legitimar la desinformación participando en el debate de asuntos bien demostrados.*

Por último, se puede prevenir el éxito de las desinformaciones apuntando a la educación cívica de las y los ciudadanos, proporcionándoles herramientas cognitivas que los protejan frente a los emisores malintencionados y a los cantos de sirena difundidos en los canales digitales, para dificultar que concedan verosimilitud a la propaganda del odio y la irracionalidad. Algunos estudios recientes muestran que existen correlaciones estables entre un bajo nivel formativo/educativo y el respaldo a los liderazgos de la irracionalidad populista. La lucha contra la desinformación empieza, pues, en las escuelas e institutos.

> *La desinformación no se combate mediante desmentidos y verificaciones, pese a que intuitivamente puedan parecer estrategias correctas. Ambas contribuyen a la propagación de los bulos y falsedades. Es más eficaz construir mensajes afirmativos e informativos sobre los temas en cuestión, sin mencionar nunca los discursos negacionistas y manipuladores correspondientes. Otra estrategia eficaz es negarse a tratar como opinables los asuntos de naturaleza objetiva y demostrable. La tercera opción supone intervenir en la formación de los ciudadanos para potenciar su sentido cívico y su capacidad crítica frente a la manipulación.*